领跑O2O

线上线下一体化的创新实践

《卖家》◎编著

ZHEJIANG UNIVERSITY PRESS
浙江大学出版社

目　录

标品电商与O2O：
多条腿走路

百武西，线下也能风风火火

文|余创

留声机、电话机、书籍以及风扇，打上深深民国风标签的装饰品随处可见；穿着民国服饰的顾客正在店铺里自拍，下午民谣歌手要来这里开签唱会，造景师正在做新一轮的景观布置。

2015年，百武西创始人李晓亮畅想中的百武西：实体店有了自己的饮品吧，可供顾客休息和了解民国饮品文化；举办加入更多民国元素的音乐会、读书会等一系列文化活动；扩展品类，推出男装品牌；实体店承担更多的销售责任，线上只不过是展示、积累数据、用户互动的平台。

目前，百武西线上每月的销售额为100万～200万元，线下每月的销售额达到800多万元。然而，成名于互联网的百武西在2012年重点扩展线下实体店时却遭遇了各种质疑，类似于"互联网品牌去开实体店就是自寻死路"的论调不绝于耳。互联网品牌到底能不能做成线下实体店？百武西给出了自己的答案。

我做不了韩都衣舍

早在6年前，百武西就有过线下店的尝试，但一开始的尝试换来的却是停业关店。2008 年金融危机，外贸出身的李晓亮在那一年做了两件事情：第一，创立了品牌百武西，第一家实体店在安徽合肥开张；第二，成立了线上运营团队，同年 10 月，淘宝店铺正式上线。但是这两个决定带来的结果却是截然不同的。

"实体店开店没有多久，就遇到经营困难的状况，由于开实体店没有太多的经验，在选址上以及店铺的货品结构上都存在问题。"第一次开线下店，李晓亮把店址选在人流集中的市中心，但是高昂的租金使得百武西难以承担，并且当年主打竹炭、竹纤维的概念，消费者没有足够认知，没过多久，百武西的第一家实体店关闭了。

相反，彼时淘宝正处于僧少粥多的红利期，百武西日用产品的线上销量成倍上涨。搭载着流量红利的顺风车，2010 年百武西月销售额达到了 100 万元。但所谓树大招风，百武西的日用品也被各商家模仿，销售瓶颈也慢慢显现。当年 11 月，百武西扩充品类，在线上开始销售第一批服装。

整合完供应链的百武西迎来了销售巅峰，月销售额达到了 300 万元，成为女装的第一梯队的商家。然而好景并不太长，2012 年，李晓亮迎来了百武西创始以来最纠结的一年。

那一年，淘宝与天猫的规则作出较大改变，单一店铺下只能经营单一品类，对于多品类集合的百武西来说，这无疑是当头一棒。单一店铺运营多品类商品会导致该店铺搜索受限、流量下降，因此百武西只能重新按照品类开店，开出护肤、鞋包、家居品的专门店铺。这也就意味着用户的重新洗牌，之前积累下来的用户会有 70%～80% 的流失。"也就是所有线上的一切等同于重新开始，销售业绩下滑。"

为了渡过难关，百武西在线上加大投入，无论推广还是产品，都作出了相应的调整。可没想到的是，线上的加大投入换来的却是线上线下的矛盾加剧。百武西为了在线上冲销量，加大产品的折扣力度，频繁参与聚划算等活动。"虽然线上线下的产品上作了一定的区隔，但是两件差不多材质的衣服，一件在线上销售 100 多元，而另一件在线下销售 500 多元。"

线上线下矛盾加剧，到底是要线上还是保线下？淘宝规则变化，到底是要做单一品类的单一品牌，还是遵循初衷做单一品牌的多品类运营？也曾有人建议李晓亮放弃这种生活百货类的运营，跟韩都衣舍学习快时尚，毕竟与百武西线上销售的不断走低形成鲜明对比的是同期女装品牌韩都衣舍已经挤入女装榜首。

电商圈涌现出越来越多单品制胜的传说，爆款的打造也成为各种电商培训班的必修课。显然，百武西多品类多库存量的基因，面对这样的线上环境，出现了水土不服的迹象。

"百武西提倡的是一种生活方式，只要围绕这样的生活方式，什么样的产品都可以出现在百武西的店铺中。这样的方式在线上不讨好，但是当时所有的百武西实体店铺都在盈利，毛利也高于线上。"并且线上也满足不了日常用品、服装、鞋子、饰品的展示需求，无法营造出李晓亮心中的民国氛围，线上线下的冲突不断。于是，在2012年年底到2013年年初，面对日趋白热化的电商竞争，李晓亮作出了决定，重点加大扩张线下门店的力度。

线下断臂求生

目前百武西线下实际门店数量达到70多家，其中80%～90%的门店实现盈利，且1/3的门店属于品牌直营门店，而2/3的门店属于加盟门店。

毫无疑问，前期的积累给了李晓亮选择线下重点扩张的底气。百武西运用线上的运营思路来开线下店，打破了互联网品牌开线下店必死的魔咒。

李晓亮说，百武西不管是直营还是加盟，他们给一个门店的成长时间只有3个月，3个月之后，盈利就继续营业，亏损立马停业。如此的快节奏是非常互联网化的，包括货品的选取和管理也同样如此。

一般传统品牌给门店组货都会召集所有的加盟商在某个星级酒店开

一个订货会，主推产品也基本上是由品牌商的设计师、市场人员以及老板决定。但百武西的订货方式是每个加盟商给百武西1000元每平方米的货品押金，百武西会根据当地市场环境以及百武西线上销售数据，来给加盟商进行货品的分配。"先期也有一些加盟商会自行来组货，但在销售上都会遇到一定的问题，目前我们所有的加盟商都是由百武西来给他们组货。"

门店的货品管理也是系统化的，货品专员在其中扮演了重要角色。每个货品专员负责10家门店的产品监控，门店每天的销售数据都会上传总部的系统，货品专员以及产品研发等相关人员都可以实时了解每家门店的销售情况。尤其是线下门店在做活动的时候，他们会对每款产品进行数据上的监控，了解活动带动的消费力。

当然，百武西的陈列师也会经常去加盟店考察并指导加盟店的商品陈列方式。据百武西的陈列师介绍，目前百武西会根据自己的品牌定位、市场情况以及季节性变化，作出相应陈列上的变化，每年至少会有4次不同造景。"我们会根据季节的变化，让消费者进店的感触有所变化。"

另外，传统品牌加盟商的员工一般只接受品牌商的简单销售以及品牌理念的培训，但百武西会将员工的薪酬体系与加盟商分享，同时会邀请加盟商的员工来分享客户关系管理等内容。

目前，百武西的整体销售额线下占比为80%，线上只作为展示、互动、收集数据的平台，销售占比只有20%。到2015年，百武西实体店数量预计会突破300家。因此，线上线下如何不冲突、不打架，成为李晓亮现在想得最多的事情。

"百武西也会做线上线下融合的商业模式，或许这种模式叫O2O，或许未来会有其他称呼。"百武西以后的O2O计划是，线上成交订单的收货人所在地3千米范围之内的门店可以获得提成返点。这样线上线下就不会再去打架，线下的实体店也会鼓励顾客去线上成交。"除了维护好我们自己的用户之外，我还需要给我们的加盟商输送利益，共赢的局面才是我最愿意看到的。"

"逼格"的存在感

百武西的员工都很清楚地知道老板想要做的是把百武西做成类似无印良品这样的品牌。百武西实体店做的是集合店，在品类规划上类似无印良品。在李晓亮的眼中，未来不管是线上还是线下，都要打造成无印良品这样的品牌。商业终归会回归本质，这个本质就是消费者。

"服装的本质是卖价值观，线上产品很容易被拷贝，百武西有存在的价值是因为品牌内核切合了某部分族群的需求，并不是因为百武西比别人强多少。"李晓亮认为未来的消费者会细分化、碎片化、SNS（Social Networking Services，社会性网络服务）化，未来也将是拥有相似价值观、生活态度的人集合在一起的细分社会，所以百武西更强调将产品作为媒介，让一些有同样价值观的人群能在品牌身上找到共鸣并成为拥趸。

因此，2014年百武西慢慢将一些文化的元素融入到线下门店。比如，穿着民国风服饰的顾客在百武西线下店拍照，分享到微信朋友圈就可以获得奖励；又比如，邀请更多的民谣歌手在百武西开签唱会。百武西也正在研发自己的饮品，各家专卖门店将会多出一个茶水吧。"其实这样做的目的，不仅仅是在于吸引多少客流，更重要的是，我希望我们的茶水吧能给我们的用户提供更多的交流空间，让他们了解民国的饮品文化，让文化传递更整体更完整。"

百武西的定位偏小众，主要针对的消费对象是25～35岁的知性白领。为了迎合需求，除了茶水吧外，百武西会举办融入民国元素的音乐会、读书会等一系列活动，还将扩大品类，比如推出男装。

"其实，现在越来越多的用户被标签化，他们也愿意被标签化。任何一种文化现象、社会现象，背后的族群凝聚力是非常强大的。我要的不仅仅是数据规模，我要的是我的用户来到百武西除了购买有需求的产品，还能得到精神上的满足。也许，这就是百武西的未来。"李晓亮说。

 李晓亮口述：

成为中国的无印良品不是没可能。

曾几何时，有电商圈的人问过我，你羡慕与你同期的互联网品牌韩都衣舍吗？我的回答是：羡慕，羡慕老赵（指韩都衣舍创始人兼首席执行官赵迎光）能将买手制做到极致，但我心里也很明白，韩都衣舍那一套，我学不来。

而现在，也有人在问我，互联网品牌将重点转到线下不是死路一条吗？说实在的，听到这样的话，我基本上是笑而不语，只说至少我目前线下是赚钱的。

不管任何一个时代的商人，他的背后肯定有一本鲜为人知的账本。2012年年底到2013年年初，我会经常跟从事商业地产行业的人交流。那时候，市郊的商业综合体租金纷纷下跌，甚至有些商业综合体为了吸引优质品牌，会直接免除租金。我选择在2012年扩张线下门店，可以说是选对了时候。我喜欢民国的生活方式，也喜欢复古的东西。不管将品牌定位成什么样子，至少我会找到我品牌背后的消费人群。而找到这样的一批人群之后，我会发现，我的产品不管是在线上还是线下，都会受到他们的欢迎，只是我线下的附加价值会高于线上。

所以无论从环境还是产品、消费者出发，选择两条腿走路都是个还不错的决定。

我知道未来商业的本质是"人"，是品牌背后的特定族群，这一群体有共性的地方，同时也有个性的展现。品牌发展至今，功能性的产品将会被有格调的产品所取代。

还记得 2010—2012 年，互联网流行的一句话叫"得屌丝者得天下"，追寻性价比极高的产品，而对商品附加价值并不关注。这几年，人们慢慢淡忘这句话，取而代之的则是"得逼格者得天下"。未来在物质满足的社会中，消费者对于商品附加价值的需求愈加明显。

有时候想想，百武西想要成为中国的无印良品也不是没有可能。

 百武西的发展历程

2008 年 1 月，百武西 Bioliving 品牌创立（Bioliving 意为"生态生活"）；

2008 年 6 月，百武西第一家实体店在合肥开业，主要售卖家居用品；

2008 年 8 月，百武西线上运营团队成立，当年 10 月淘宝店铺正式上线；

2009 年 10 月，百武西被阿里巴巴授予"最具创新力品牌"；

2010 年，百武西天猫店开张，同年品类扩展到女装；

2011 年，线下拥有 7 家实体店，品类包括鞋包、饰品、护肤系列等；

2012 年，网店按照品类开店，开出护肤、鞋包、家居品的专门店铺；

2013 年 12 月，全国门店总数达到 30 家；

2014 年 12 月，实体店数量近 100 家；

2015 年，正式推出男装，实体店的目标为 300 家，全面推行 O2O 战略。

林氏木业，家装O2O颠覆者

文│陈曦

　　2007年的家具市场，当红的芝华仕沙发、皇朝家私已经上市，而位于广东佛山的林氏木业才刚刚起步，刚刚在淘宝上卖掉了一张200元的小桌子。如今，作为互联网品牌的林氏木业，已经累积实现销售额15亿元，而芝华仕却只能在排行榜上仰望其背影，皇朝家私更是完全没了昔日风范。

　　据说，一个人历经7年，身上的细胞会全部更新一次，完成一次脱胎换骨。一路走来，林氏木业的创始人林佐义带着团队经历过供应链建设的痛苦、产品的升级优化、"双11"的重挫、O2O的多次试错。在摸爬滚打中，他品尝到了早期进入的甜头，也感受到了市场竞争加速的过程，更是见证过不少同期家具卖家的浮浮沉沉。从一家淘宝C店成长为拥有6家旗舰店、1家集市店、1家线下O2O体验馆的住宅家具类目排名第一的商家。一年365天每天保持第一，这不是一件简单的事。

做传统不能做得大而全

　　回顾林氏木业的发展，2007年做家具代理，在有了一定积累后立刻开始自有品牌的建设，不断强化品牌运营；2008年，当业界对新生的淘宝商城

（天猫前身）还抱着半信半疑态度时，首批入驻开设旗舰店，并开始多品牌运作模式；2009、2010 年，建立自己的供应链体系，并且不断对产品进行升级和完善，涉及的产品从家具扩大到沙发、床品等，市场定位从低端向中高端转移。

在此，不得不提到与林氏同期诞生和成长的另一个淘系家具品牌——美乐乐。在业界眼中，它们可谓是一对双生花，且各自的发展历程也成了家具商家两个不同的样本。美乐乐很早就选择了自建 B2C（Business to Customer，商对客的电子商务形式）独立网站，并先后推出 10 个自主家具品牌。而林氏面对电商渠道选择越来越多样性的现状，以淘系为大本营精耕细作。相比渠道的拓展，其将重心放在了品牌规划以及工厂和仓储的供应链建设上。

对于传统家具企业来说，要实现产品多风格与多品类的可能性微乎其微。因为家具产品一多，就意味着生产成本、渠道成本的上升。而传统家具门店覆盖半径小，需求人群少，因此，很少有品牌会为了能满足更多用户的需求而去扩大 SKU。但渠道成本压力相对较小的电商品牌，在产品涵盖风格及品类拓展上有充分的尝试空间。

在家具行业，其品牌的分类大多根据用户家庭装修的风格来定，比如现代、田园、复古、欧式等。而在风格选择上，一方面，现代人的审美情趣提高，对室内装修风格的要求越来越高；另一方面，室内装修设计也与大的流行趋势相融合，每年都会有新的主题风格推出，这就要求互联网家具品牌的产品风格要跟得上潮流趋势，且有多种风格来供消费者选择。电商渠道在打破传统渠道地理半径界限、扩大受众群体的同时，也使得用户需求更加多样化。

于是在 2012 年，林佐义确定了全品类、全风格的多品牌运营战略，即一个品牌一个风格系列。如今旗下子品牌已经涵盖了市面上的八大主流风格，产品涉及卧室、客厅、餐厅、书房等所有住宅家居环境中所需的家具。在子品牌的培育上，林氏也有自身法则，所有风格的产品先在旗舰店内试运营，等到产品品类和消费人群达到一定基数后再成立子品牌独立运营，并开设单独的店铺。以子品牌"卡伊莲"为例，最早经营田园风格家具，后来慢慢调整成美式乡村风格，是在不断试错过程中成长起来的品牌。

此外，此种多品牌多店铺布局也为林氏木业带来了不少流量红利，对于家具这样一个复购率低、平均转化率只有 0.4% 的类目，流量显得格外珍贵。林氏木业产品总监彭涛说："我们研究和观察测试后发现，单一风格流量很小，全风格和全品类是必须要做的，后续通过活动进行各品牌联动，数据显示店铺交叉带来的流量效果非常好。"

TIPS

林氏的颠覆

摄影基地三位一体

2011 年，林佐义觉得产品拍摄是个痛点，因为在互联网的家具销售当中，视觉感受的传达非常重要。所以林佐义就找了外包公司，用把产品和场景结合起来的方式呈现产品图片。后来林氏产品的拍摄风格就一直被淘宝上的其他卖家所模仿，成为一种行业标准。2013 年，公司 1500 平方米的拍摄基地正式启用。与通常的产品拍摄基地不同，林氏的拍摄基地是集设计、打样、拍摄于一体的，这样的布局出于两个原因：第一，可以让设计师更好地把控和构思产品，从一开始就想好最后呈现的场景；第二，可以提高整体的工作效率。而更高效、更科学、更高质是林佐义一直追寻的目标，也是他认为一个企业最核心的竞争力所在。

标准化很慢但需践行

多品牌的背后需要丰富的产品线和强大的生产产能作支撑，在供应链的打造上林氏木业采用了自己抓产品设计和开发、将加工生产交由代工厂的模式。林氏也有几家自己的工厂，但只占整体产量的 10%，自有工厂更多承担的是设计和打样功能。其实这种模式与成熟的服装品牌的供应链掌控模式类似，主抓设计这一核心要素。

林氏最早起家于拿款销售，或是对某些产品的款式进行改良，因此，在公司团队中设计人员占了总人数的 1/3。如今，经过多年的磨炼，设计团队也趋于成熟，开始系统化地规划属于林氏自己的产品风格。据介绍，未来产品的开发方向是每款产品的各个风格都将有一位专业的设计师跟进。在产品开发周期上，提前 2～3 个月作好规划和研发，先打样内部审核后再上线，将产品的上新量保持在每月 60～80 款。

早在 2009 年，林佐义就开始布局供应链，用前两年积累的 100 多万元建立了工厂和仓储，随着产品销量的提升，又开始招募代加工厂。众所周知，大件家具类产品的生产成本较高，且在加工环节中也容易出现样品浪费的情况。因此，在生产环节中，林佐义非常注重打样环节，要求对新品进行小批量生产，得出工价标准、材料标准、包装标准等，以此掌握各细分项目的成本。如此，无论后期产品是通过自有工厂还是代工厂加工，其价格成本都一目了然。通过这种方式，公司可以将加工费进行缩减，这为林氏争取了更多的价格优势和毛利空间。

另一方面，这也是林佐义为实现生产标准化的一项重要举措。他认为，家具是最适合定制的行业，但也是最难实现定制的行业，因为家具的标准化生产太难了。这里的标准化是指生产线上只生产所有的零部件，客户下单后，只需从仓储货架上取下零部件包装发货，再由服务商上门组装就行。目前这样的模式已有商家在尝试，比如尚品宅配。但其产品品类较为单一，只涉及板材类家具，而林氏现在的产品除板材外还有软体、布艺等，要实现起来难度较大。但这不妨碍林佐义朝这一方向推进的决心，他不希望超速发展，只求稳步推进。

定义"体验馆"

由于商品和购物体验的特殊性，O2O成了家具商家必须布局的一块阵地。从2010年开始，各大家具电商品牌开始推行O2O模式，这其中就有林氏木业、美乐乐、齐家网等。在试水的过程中，他们各自对于O2O的认知、对线下体验馆功能的设定，也都有了新的认识和理解。

2014年8月，林氏木业在广东佛山开设了首家占地2000平方米的线下体验馆。其实早在3年前，林氏就开始尝试O2O，之所以称这家店为首家体验馆，其更意在突出该店在"体验"二字上的功能定位。

其实，这已经是林氏木业O2O模式的3.0版本。出于用户对产品认知的需求，最早的线下店只是简单摆放了几个样本，第二个版本结合了仓储式营销的功能，再到现在的线下体验馆模式，林佐义意在以一个全新的模式来定位线下渠道的功能。"简单来说，体验馆除了产品体验外，更多的是风格的体验，比如走进宜家或是无印良品的线下店，你能感受到他所传递的室内家居风格。"

这种功能定位的转变，与林氏木业整体的定位调整有关。基于风格化的多品牌战略，林氏木业将其旗下每个子品牌定位成一种室内装修风格，产品涵盖家居所需的各个产品类别。如此，结合体验店的定位最显而易见的功能就是风格的呈现。于是，首家体验馆内容纳了林氏旗下所有品牌的500多款产品，在商品陈列和场景布置上以风格来区分，一个风格的产品是一个独立的展示空间，给消费者一个全面的场景化的体验环境。

在体验馆的经营上，林氏木业采取了直营模式，产品同步上线且价格统一。用户在线下可以用二维码扫描下单支付或是直接在线下购买，当然线下也支持"五包到家"服务。林佐义对现在的体验馆颇为满意，但他认为下一个展馆还可以再优化30%。在线下店的规划上选择少而精，在他看来,如果一个城市布点过多就会让渠道成本变高,性价比就会降低。

但是直营模式使得店铺的扩张速度并不会很快,所以林氏在未来 2 年内只会做 20～30 个体验馆,每个体验馆的覆盖半径在 200～400 千米。在选址方面,林氏木业倾向于在一线城市的 CBD 商圈开独幢体验馆,而不会走入卖场,这些都是基于数据分析作出的决策。根据此前的数据显示,林氏有 30％的客户来自全国其他省市,因此线下体验馆的选址就可根据这些用户的分布来决定。虽然布点不是很多,但是体验馆产生的消费力很大。据数据显示,在体验馆所在城市辐射半径的 20 千米内会产生 30％～40％的消费力。如此,相比线上家具仅为 1％的转化率,线下转化率可达到80％。近几个月,佛山体验馆的月平均营业额在 400 万～500 万元。

林氏的颠覆
线下体验店提供家居设计解决方案

　　林氏木业认为,线下体验馆的功能除了能让消费者体验到一个整体的居家环境外,还在于基于这一体验场景,给消费者提供更好的室内装修搭配和设计方案,能够参与到家的设计和装修过程中。其实,从一般情况来看,选择怎样的家装产品是与消费者的装修设计方案相通的,很多时候是由设计师决定了消费者家中要用怎样的家具或是灯。但是,商家何不为消费者提供一个整体的解决方案,从而将产品的销售也融入其中呢?

在 8 月体验馆开幕之前,林佐义果断关闭了之前的 3 个体验店。有了更好的作品,就要把不好的淘汰。面对自己的痛点,砍掉不好的东西,也是林氏一直以来做事的风格。其实,品牌的发展过程就是一个自我颠覆与革新的过程,纵观林氏从创立至今,其模式和所涉及的业务已经发生了翻天覆地的变化。

最初,林氏的模式只是电商零售,眼下已是线上与线下相结合;最初,林氏的业务只涉及家具产品,如今还有家居装修的设计等。林佐义说,未来公司的整体业务会往为消费者提供整体家居解决方案上靠拢。"要告诉他们如何在合理的成本范围内打造出一个更好的居家效果。"从卖产品到卖服务,从单一品类到多品牌,这种在颠覆中成长的发展过程,也是卖家基于用户需求和市场变化所走出的一条不平凡之路。

TIPS　　**林氏木业简介**

林氏木业对企业的未来规划

1. 业务拓展:向整体家居解决方案提供商靠拢。

2. 家具生产:布局东南亚海外工厂。

3. 移动端:App 年底正式上线。

4. 资本:用于线下体验馆建设。

品牌发展历程

2007 年:林氏木业淘宝店诞生。

2008 年:旗下品牌"卡伊莲"正式进驻天猫。

2009 年:旗下品牌"林氏"进驻天猫,其后软床厂投入生产。

2010 年:第三家简尚家居厂投入生产,旗下原木家具品牌"克莎蒂"进驻天猫。

2011 年:进驻北京爱蜂潮体验馆。

2012 年:深圳线下家居体验店正式开业。

2013 年:旗下法式品牌"卡法尼"正式进驻天猫,占地 10 万平方米的九江新仓投入使用。

2014 年:旗下床垫品牌"亚兰蒂斯"正式进驻天猫,在佛山开设首家 O2O 体验馆。

林氏木业旗下各店铺定位:

目前风格涵盖:古典、现代、田园、中式、乡村、美式、北欧。

林氏木业家具旗舰店:综合馆,全风格、全品类,风格养成培育基地。

林氏旗舰店:北欧家居。

克莎蒂旗舰店:中式实木。

卡伊莲家具旗舰店:乡村家具,集合美式、英伦、地中海、复古等风格。

卡法尼旗舰店:法式家具。

亚兰蒂斯家居旗舰店:高端床垫品牌。

羚羊早安，"戏路"不窄

文 | 陈晨

　　如果把互联网品牌羚羊早安的故事拍成一部 24 集电视连续剧，可以分为上下两部。上部 20 集，是野外求生励志剧；下部只放 4 集，是都市时装剧，并且未完待续。

　　6 年的发展时间不短，与一些土生土长的淘品牌不同，羚羊早安没有等供应链出了问题才去补课，创始人张琳琳从一开始就把大量时间放在供应链的整合上。去新疆、内蒙古和苏州、广州、义乌等地，跑遍各种市场，一家家敲开工厂的门；为了填补夏季围巾类目的销售空白，反复试错，稳定产品线；押车押房，债台高筑，争取到在工厂的话语权。

　　供应链扎实了，羚羊早安现在到了尝试各种可能的时候。

学术方法论做淘宝

　　日历翻回至 2008 年，用圈内人的话说："当时天是蓝的，水是清的。"那时没人会想到做淘宝会赚钱，早期的红利催生了不少草根卖家逆袭成功的传奇，羚羊幸运地在这支队伍里。

　　张琳琳有几个关键词，双硕士、事业编制、新疆人。安徽大学双硕士毕业的她，毕业就在事业单位工作，手捧着铁饭碗，却因为喜好辞职干起了淘宝。"跟很多草根创业一样，我是从喜好开始。当时根本就不懂什么细分市场的概念，只想着卖我喜欢的东西。"回头想来，选择细分的围巾类目，一是因为相比服饰类目，当时淘宝卖围巾卖得好的店不超过3家，竞争小。而更重要的是，张琳琳卖围巾有着相当大的地缘优势。

张琳琳的老家在新疆一个外贸市场大巴扎附近。大巴扎聚集了各种羊毛类产品，羚羊早安的第一批货就是从那儿进的。当单款订单量到了100条，大巴扎已经满足不了需求，于是张琳琳决定去内蒙古寻找合作的工厂。

"就是一家家敲门。我说开网店，对方的头就摇得像拨浪鼓一样。我说我们在上海开连锁超市的，就谈成了。"张琳琳把仅有的10万元钱押给工厂就回了新疆，10万元对于淘宝最早的那批创业者来讲可不是个小数目，但幸运的是，货到后一个星期就卖光了。之后她又追加了1000多条，当全淘宝的围巾店铺都还在档口拿货或是处理工厂尾货的时候，羚羊早安已经开始从工厂订货了。

拥有双硕士学位的张琳琳，习惯作大量研究，她也把做学术的方法搬到了淘宝上来，像写论文似的一个个分析那些明星店铺，哪家宝贝详情有错别字，哪家的图片视觉不行，每家相同货品的价格区间是多少……她会给每个店铺都作一个诊断。"当时的明星店铺后来逐个倒下了，很多都因为东西越做越杂。"而当时，羚羊店里的SKU只有30款，集中品类在淘宝占尽优势。

"2008年，真的很感恩那时候的市场。"她说。

淘宝夫妻店很多，羚羊早安也不例外。2008年9月，原本开过工厂、医院的张琳琳老公加入进来了。老婆负责管理以及产品调性，老公负责运营、财务，生意慢慢规模化起来。

"老公告诉我要规模化经营，要存货，要薄利多销。"张琳琳说道。她那时候丝毫没有生意的概念，倘若没有老公的加入，很可能店铺就在风雨中颠簸死了。合伙之后，老公开始研究投直通车，当年冬天生意特别好。一所学校一下订了 400 条围巾，冬天是旺季，很多店铺拿不出这么多现货，羚羊早安有合作工厂能够提供。"这件事情更加坚定了我要存货、整合供应链、组建团队的想法。"次年，羚羊早安就组建了团队，搬入一个居民楼的 3 室 1 厅。

2008 年羚羊早安的销售额达到了 100 万元，2009 年这个数字翻了 10 倍，达到 1000 万元，并且终于在 2010 年排名围巾类目的第一名。

供应链话语权

"供应链话语权"，张琳琳曾数十次提起。

"如果实现不了柔性供应链，怎么做品牌？怎么做个性？只有掌握了话语权，才能有选择权。"当越来越多的淘品牌后期无力，被供应链狠狠拖了后腿时，羚羊早安早就开始花大力气整合供应链，争取到在代工厂面前的商务话语权。"争取的方式说白了就是压货，有货量。"

最初的三四年，张琳琳几乎把所有的钱全都押到了货上。"各种借钱，把车子房子全部抵押了。"就是这样，她逐渐从被动变为主动。她举了个例子，在挑选合作工厂时，羚羊会优先考虑日本的外贸工厂，因为日本外贸工厂生产线相对较好，工人素质也较其他外贸工厂来得高。那时外贸形势急转直下，一些外贸工厂在淡季时靠外贸订单已经养活不了工人。那时候，羚羊早安就给工厂下了 2 万条的订单。

"他们当时接到的日本订单一般都只有 80 条、100 条的，所以做我们的单子做得很爽。"在工厂缺钱的时候，羚羊早安甚至自掏腰包帮助其生产。在自身资金不足的情况下，内蒙古工厂有个大染缸要改造急需用钱，他们投了 100 万元。

张琳琳一直坚持一点，不去跟工厂压价。"你要有好的品质，就不能去压价,这样能提高他们的管理素质和水平,跟工厂的关系也会进入一个良性循环。"随着单量的不断增多,慢慢地,工厂同意月结,延迟了结算周期。在渐渐地有了主导地位后,出现掉色褪色等质量问题,工厂可以整批退款,也能给羚羊早安出一些定制的产品。

戏路不能太窄

"同行的起起伏伏我们看得太清楚了,戏路不能太窄。品类太窄,就找不到突破细分类目天花板的途径。"6 年时间,羚羊早安的大部分精力都放在了供应链上,柔性整合的上半场之后,花样玩法的下半场开启。张琳琳第一个想做的是产品设计。

曾经,羚羊早安尝试着做一些原创设计款式,但都由于沉没成本太高而无疾而终。所谓沉没成本,好比一个姑娘爱上个人渣,因为觉得之前付出太多就勉强嫁了,结果婚后更悲惨。

做生意也是一样。拿羚羊早安举例,"做原创设计要从三四月开始设计,五六月打版,七八月要出大货。设计围巾时,往往一个色块要改半天。而销售旺季又非常短,忙完之后才发现到了旺季,设计的款还没有供应商提供的款卖得好。不能眷恋沉没成本"。

所以羚羊还是把款式定位为买手款。合作的代工厂会接来自世界各地的订单,他们的选样师会提供版式给羚羊早安,而羚羊早安等于把设计成本和沉没成本转嫁给了工厂。这样一来,供应商的新品生产能力也添加到了考核之内,对店铺是有益的。

最近,张琳琳在接洽北京的一个工作室,准备配合营销活动来设计定制款,做图书衍生品。《灵魂有香气的女子》讲述的是 26 个民国女子的故事,跟丝巾的气质符合,由悦读纪出版,这家出版社的主要渠道是电商,与羚羊早安受众吻合。2014 年 10 月底出版的 1 万本精装版将搭配 1 万条林徽因系列和张爱玲系列的丝巾售卖，而羚羊早安店铺也将同步上新民国系列专题。

只有通过定制款的研发探索，才能慢慢推广到普通款以及丰富线下店的产品。

O2O 没有那么玄乎

2013 年 10 月 10 日，羚羊早安的第一家实体店在合肥银泰开业。2014年 7 月，在遭遇围巾淡季的情况下，羚羊早安的销量依然在银泰商场中排名第二。目前，羚羊早安线下店主打羊毛羊绒、真丝、苏绣这些高端产品。"百武西一开始做实体店关了好几次，因为总亏，他们说你一开始能盈利很不错了。"张琳琳对线下店的前景很看好，"因为能进一步促使我们调整和丰富产品，在线下我觉得围巾还可以再细分。"

线下店越开越多，O2O 是个必然趋势。张琳琳认为 O2O 没那么玄乎，针对消费者对围巾系法的热衷，就可以做成实体导购 O2O。实体的导购如何跟客户建立起关系？很简单，比如消费者可以加导购微信，导购实时教其怎样系围巾，还有各种搭配的需求。

将原本断裂的服务连贯起来，消费者就有了进一步与导购交流的机会，从而加强消费者对导购的信任，进而转化成销售。"商家有新的产品，消费者人在外地，但是围巾不需要尺码，导购可以帮你试戴，拍照片给你，你下了单我寄给你，这就完成了，而且还是闭环了，O2O 没有那么玄乎。"

很少有品牌能够逃脱传统线下品牌的压迫，围巾类目亦然。近年来围巾品类逐渐有了进入门槛，传统品牌万事利、宝石蝶、上海故事等大批进入。张琳琳说，这些对于自己的品牌只有单款产品的冲击，没有大批量的威胁感。她解释，虽然传统品牌大多是工厂型的，生产能力和研发能力非常强，整个团队也很成熟。但传统围巾品牌没有把围巾做得很深，他们都是在做真丝衍生品，比如真丝被、真丝睡衣等等，而不是围巾衍生品，在这一点上羚羊早安与之有很大的区分。

"这也是我认为品类太多的品牌在淘宝并不是很讨好的原因，而我们在这片土壤里能顺势而为。"张琳琳说。

营销，还在路上

从2010年至今，羚羊早安一直是围巾类目第一，去年销售额突破1亿元，路也越走越宽。

去年羚羊早安开始与百武西等女装品牌合作，为女装配饰供货。同时，分销商也开始萌芽。为了给分销商让利，今年夏天，张琳琳把防晒手套、空调披肩让给分销商做。为帮助一些没有场地的经销商，张琳琳甚至在自己的办公场地留了地方给经销商办公。

看起来一切都顺风顺水，但张琳琳认为目前遇到的最大问题是营销方式上的突破。"不是我不愿意做营销，是之前的营销路子很窄。"2013年11月15日，谭维维与羚羊早安签下合同，共同承担星店"维所遇围"的运营，但后来不了了之。双方还是想尝试新玩法的，但合作中出现了问题，最终导致无法继续：一来，合作方太多，不仅有谭维维台湾的经纪公司，还有淘宝对接的经纪公司，而他们并不了解围巾市场；二来，明星本身没有像熊先生那样尽力吆喝，产品购买人群与明星本身的粉丝受众群也不是同一群体。

"所以商家在选择明星合作时，不要盲目认为这是个引流的好办法。双方首先需要对星店有个较清晰的定位，对于今后合作可能会遇到的风险作好事先的预估。"不是不想玩营销，只是没有找到出拳的路数。

有人说，品牌价值是互联网品牌整合过程中的最大筹码。在整合完供应链之后，做好营销，拓展品牌营销力，是羚羊早安接下来的重头戏。目前整个团队中还没有市场品牌部，新媒体部门也刚刚布局。从线上走到线下，从 PC 端到移动端，还有很长的路要走。

TIPS　创始人自述品牌名由来

　　本来就想取个跟动物相关的名字，没有特别明确的品牌意识。那时候纯粹是来卖东西的，就是觉得名字要有积极向上的感觉。羚羊这种生物的感觉很好，就像新东方上课时听到的狮子和羚羊的故事：在广袤的非洲大草原上，狮子和羚羊每天清晨醒来都要奔跑，狮子为了追上羚羊要全力以赴，而羚羊为了躲避狮子的追赶也要奔行不息，很励志。后来觉得单叫"羚羊"又很土，加了个"早安"就活起来了。

TIPS　羚羊早安品牌发展轴线

2008 年 8 月 30 日：羚羊早安诞生。

2009 年 1 月 5 日：淘宝店铺升至皇冠。

2011 年 4 月：淘宝官方授予羚羊早安"2010 年配饰类目 TOP1"。

2011 年 9 月：淘宝店铺升至金冠。

2012 年 3 月 12 日：淘宝店铺升至双金冠。

2012 年 8 月 8 日：获得阿里巴巴 2012 年度"全球十大网商"称号。

2013 年 10 月 10 日：银泰第一家实体店开业。

七格格，O2O 可以慢慢来

文｜范越

早年的淘宝，唯快不破。你一定听过那个野蛮生长的红利期，不少人在淘宝卖货卖得一夜暴富。

七格格算一个。

虽然没有夸张到"一夜"，但是半年 4 皇冠，品牌注册 1 年销售额就破 3000 万元，2010 年这个数字攀升到 1.5 亿元，七格格理所当然成为神话级店铺品牌。然而，这个当年人尽皆知的淘宝最牛店铺却在 2011 年到 2012 年遭遇了滑铁卢。用七格格创始人曹青的话来说，那段时间整个团队在多品牌大跃进的节奏里"疲惫地奔跑"。一直到 2013 年下半年，七格格开始做减法，砍掉了自己不擅长的东西，只保留了最早的 OTHERMIX 一个品牌，并于 2013 年在上海开设了第一家潮牌集合店 INXX。

外界对淘品牌的态度从力捧到唱衰，不少淘品牌也频繁跳出来为自己"正名"。而曹青说，外部的环境对他们影响不大，内因才决定一切。

现在，七格格不喜欢拿销售额说话——当然，你也可以说因为增速放缓。但不管怎么说，调整好步伐的七格格正在开启另一扇门。

被推着走的快店

曹青喜欢把真正开始创业的年份界定在 2009 年，"以前是在玩票"。

实际上，2006 年，当时正在爸爸的公司做外贸经理的曹青第一次在淘宝网注册了个账号，并开了"七格格"网店。曹青开网店的起源再往前可以追溯到 2004 年前后，曹青结识后来成为其先生的何生杰，后者擅长服装设计，并和曹青一样对潮牌很感兴趣。

两人擅长的领域有所不同，"设计＋销售"的黄金组合在当时基本上还是拿货来卖的淘宝卖家中已经显得很不一样，也为日后的生猛发展奠定了基础。其实早在 2006 年以前，他们便已经开始在一些女性论坛上销售从广深等地拿来的女装，但设计师出身的何生杰一直想打造一个自主设计的品牌。

就这样白天上班、业余卖货，度过了 3 年。随着淘宝网的红利期来临，用户量暴涨，出货量也越来越大，本职工作和经营店铺的精力已经没有办法平衡分配。到 2009 年下半年，曹青离开了爸爸的公司，与何生杰一起创办了自己的公司。何生杰的大学好友姜海艇也被拉入伙，从此三人便专职在七格格网店销售女装。

彼时，"潮牌"的概念还没有盛行，在淘宝网上更鲜有人涉及，所以主打小众、潮牌的七格格迅速释放这部分需求，占领了喜欢这个范儿的消费者的心。急速增长的销售额一方面让三人欣喜若狂，另一方面却也带来了隐忧。

网上卖货的性质决定了必须快速出货，还在摸索中的七格格在第一批工厂的筛选上并没套用严格的标准。快速生产带来的质量问题不可避免地使七格格遭到消费者潮水般的差评，为此七格格停止上新 1 个月，重新寻找合适的合作工厂，并成立了质检部门。

"生产周期快是肯定会牺牲品质的，稳定的品质和急速的供应链之间是有一个平衡点的，这个点往哪边偏都不好。"曹青现在坦然地说着的这些，是用血泪换来的教训。

七格格第一次成立专门的客服部门也是被动的选择。每年年底都是女装销售的顶峰期，当时为配合平台的各种活动，七格格推出了 100 款限定新品 7 折活动，订单在 1 天内就飙升到万级。而当时的七格格并没有采用任何 ERP（Enterprise Resource Planning，企业资源计划）系统，只能靠纯手工完成快递单填写，还要打包发货、处理售中问题等，手工带来的极高误差以及发货耗费的大量时间，再次为七格格带来一大波中差评。随后，七格格才正式成立了客服团队，并入当时的支撑线，同时启用 ERP 系统。

也是在这次事件之后，七格格经历了一个转折点，从私人小店跨越到有具体的分管部门。如果说这段时期有什么成长的烦恼，曹青坦言最大的困惑其实来自于对整个行业的了解不够。这直接导致了供应链跟不上店铺的成长，也让初创品牌的口碑刚火起来就面临着毁灭性的打击。这也与传统品牌有极大的不同，消费者在网上购物的反馈直接、快速、点对点，"水能载舟，亦能覆舟"的道理在互联网上被放大无数倍。

"完全没有计划性，当你只有能力做 2000 万的时候，却要被迫做 4000 万的事情，我们做所有事情的时候没有办法有计划性，因为都是被推着走的。"曹青回忆当时最大的感受是势头是极好的，但是整个团队并不轻松。

其实对于早期的淘宝卖家来说，谁不是摸着石头过河。接下来七格格又做了一件"顺势而为"的事情，但是后来被验证是失败的"大跃进"。

疯狂的多品牌

2012 年 1 月，曹青发布了一条微博，称因个人原因退出七格格。虽然这条微博很快就被删除，但还是引起了不少猜测，夫妻不和、离婚分产、公司分家，流言蜚语甚嚣尘上。

实际上，那近两年的时间确实是七格格创始人和团队都被压得喘不过气的时期。经过 2009 年到 2010 年两年的发展和巩固，主品牌 OTHERMIX 已经步入相对稳定的成长期，进一步扩大的想法开始萌生，自以为可以借助现有的模式复制出一个子品牌来。当初在注册 OTHERMIX 时一起注册的 IAIZO 被提上计划单，为了避免跟现有风格冲突，在经过反复试验后，将 IAIZO 定位为欧美高端品牌，客单价也高出近 1 倍。

这是七格格提升自身溢价能力的一步棋，在当时也被看作是必须走的一步。然而这看似简单的转型，背后却是"不可承受之变"，不仅供应链再度受到严峻考验，也对合作工厂提出了更高的要求。要找到既符合要求又能接受小订单、快出货的工厂少之又少，结果不是质量难以把控就是货期跟不上。

加上 IAIZO，七格格在扩展多品牌最鼎盛的时期旗下一共有 7 个子品牌，标榜大的潮牌方向下各个品牌之间又难以做到很好的区隔，逐渐演变为不同的子品牌成了 OTHERMIX 旗舰店里不同系列衣服的代名词。

放眼当时淘宝的大环境，七格格并不是唯一一家在多品牌上打转的商家，当销售增速放缓，度过草根的资本原始积累时期，再单纯靠运营技巧已不足以支撑起一个品牌。如何继续扩大规模，从多品牌上多点突击，是困扰很多早期大卖家的难题。传统品牌在线下实践了多年的多品牌，就是通过主品牌的核心效应，加上子品牌的明确定位，以抢占不同的细分市场。

七格格犯的错误在于主品牌根基没有站稳就急于复制，如果说供应商方面的问题实际上是品牌成长始终都必须面对的问题，而并非这一时期独有，那么在推行多品牌战略时，最突出的问题则是人才储备跟不上。拔苗助长的代价是，不少员工身兼数职，一个基础运营要做高级运营做的事情，或者高级运营直接当店长来用。公司规模也从 100 多人一下子膨胀到 470 人，而公司在当时并没有建立完善的人员管理机制，创始人团队也无法快速适应管理这么大规模的团队的节奏。

由于管理经验的缺失,当时公司管理层充斥着"外面的月亮比较圆"的论调,"空降了很多人,总觉得优秀的人才在外面,所以一直在引进,忽略了自身血液的复制和人才的培养,这个是最错误的事情"。曹青说,从2013年下半年到2014年,七格格最大的转变之一就是对待人才的观念不一样了。现在公司70%的人才都是内部培养的,建立内训机制,通过老带新等让精英可复制化。

这条"大跃进"的路让整个团队和曹青个人都走得很艰辛,加上那一年正是怀孕期,心理、身体和工作上的三重压力让她几度崩溃,发那条微博也是一时冲动。经过那个阶段,七格格决心开始做减法,减掉自己不擅长的东西。

但是多品牌这条路是七格格一定会走的。"只不过这次要先练基本功,至少两年内不会扩展品牌。当公司的产品线、营销线、支撑线都足以支撑更大的规模、自身人才的造血能力达到再去孵化一个子品牌要求的时候,我们再来。"

曹青说,以前是赶鸭子上架地去做,这回我们想有备而来地去做。

谈O2O还早

2013年,七格格的年销售额接近3亿元。这个数字并不漂亮得令人惊艳,却让曹青很心安。

七格格早在2011年就完成了第一轮融资,即便在最困难的时期也维持着正常的现金流。"我们做了减法之后,不需要那么多钱。"在曹青的意识里,融资并不是一定要做的事情,当时融资也不全是因为钱,而更因为需要投资方资源上的帮助和扶持。七格格第一轮的投资方是联想和经纬,对于年轻的企业和创始人来讲,资金之外的人员、企业管理、团队建设、供应链资源等方面的帮助是巨大的。

　　行业内的交流给了他们很多灵感，借由一次去英国的机会，曹青和何生杰接触到当地一些规模较小但是产品很纯粹的潮牌。他们很想把这些品牌引进国内，以潮牌集合店的形式将这些产品搬来卖。潮牌集合店的概念虽然已经在国外风靡了几年，但在国内还属于很新的领域。

　　对七格格来说，砍掉6个子品牌后也能腾出更多的精力。2013年，公司还分拨了一个团队，并成立了子公司INXX，由何生杰亲自带队。在做市场摸底的时候，他们发现，一二线城市对潮牌的需求是很大的，网上代购成了主流的购买途径，但是这一行水深，用不菲的价格买来的东西也许已经跟当季脱节，更或者是水货、假货。曹青觉得，从大环境来看，那时的潮牌集合店有点像2009、2010年时的七格格，增长很快。48人的团队也面临着搬家，杭州店的地址选在孩儿巷附近的湖滨银泰。"主要还是看消费者在哪里"，因为那边是"老底子的潮牌集中地"，虽然有真有假。

　　在引进国外潮牌的过程中，也让团队有机会学习国外历史悠久、有品牌沉淀和文化底蕴的潮牌是怎样建立起来的，以此反哺七格格母公司。经过反复的沟通，第一家潮牌集合店于2013年12月入驻上海大悦城，2014年5月初南京店也正式开业，此后还会接连开设10~11家线下门店。店内暂时不会出现他们自己的OTHERMIX，全部是来自英国、日本、美国等地的30~50个原装进口品牌。

　　相比于七格格，INXX更像是逆向生长，从线下门店做到线上的天猫旗舰店，现在基本保持线上线下货品的同步。800元上下的客单价，更像是完成了七格格那个时候没有完成的夙愿。

　　对于现在整个零售业热炒的O2O，曹青显得不紧不慢。目前国内不少牌子在做O2O，但是都不能说做得成功，线上与线下的完全打通还需要漫长而谨慎的过程。"国外一个牌子能做到就近门店2小时送达，这需要多快的库存系统处理效率？可我们现在只有两家门店，进程还是相对缓慢的，我们吃过冒进的亏。"

　　随着传统品牌上线，而淘品牌向下，线上线下的界限将越来越模糊。

在曹青看来，品牌核心的点以及在目标人群心理的沉淀是差不多的，无非是早几年网络环境竞争没有这么激烈，比较容易爆发。但是现在看来，两者越来越接近，最终，线上将只是一个渠道。

七格格发展时间轴

2006—2008 年：注册淘宝 ID，兼职淘宝。

2009 年：4 月将重心转移到淘宝；10 月开始放弃面料生意，全职做淘宝。

2010 年：注册公司，团队 30 人。

2011 年：获得联想和经纬第一轮融资，启动多品牌战略。

2012 年：延续多品牌战略，最多时达 7 个子品牌，整个团队很疲惫。

2013 年：开始做减法，专注一个品牌，创立子公司 INXX，开设线下潮牌集合店。

2014 年：修炼内功，重新出发。

附录：网络品牌 O2O 软着陆

消费者青睐网购，主要是因为电子商务便捷及性价比高。但当网购与逛街所花的成本相同时，消费者又何必非要网购？当传统商业领域的强者，如苏宁、国美等，也开始做电商，标准化产品进入红海时，电商们又怎样走出新路呢？美国男装 Bonobos 在各大城市开设的体验店不失为一个不错的参考对象，它真正做到了"体验"二字。

其每家店铺的面积并不大，且避开繁华商业区；店员人数也少，且接受预约，每次接待时间仅为 45 分钟；用户在线下的购买间隔天数和客单价都优于线上——线上客单价为 220 美元，线下则是 360 美元，线上新用户的购买间隔天数为 85 天，线下仅为 58 天。

其实对于这种"电子商务＋体验店"的营销模式，我们并不陌生。这与国内钻石小鸟的成功方式如出一辙，其关键是与传统销售模式的"实体店"区分，否则就失去了电商的价格优势。而且要开体验店，电商品牌本身应具备以下几个条件：

首先，品牌附加值。如果不能为顾客提供最优质的服务，那么其为何要"体验"？让顾客有体验的冲动，必须有足够的附加值吸引顾客前来。

其次，高利润比。只有足够高的利润才能负担品牌的营销成本，因为想要让顾客来到店内，没有一定的营销策略是实现不了的，这就要求品牌本身的利润较高。如服装、奢侈品等，附加值和利润都是较高的。

再次，租金便宜。切记体验店的关键是体验而非实体店铺，所以不需要很大的门店，也不需要建立在高租金的黄金地段，只要交通方便，店中店或是写字楼都是一个不错的选择。杭州曾有一家淘宝店铺的体验店就在商住两用楼内，照样吸引了很多顾客前来体验。

第四，精简人手。店员是为了帮助顾客试穿或了解商品，最终的成交还是尽量回归到成本更少的网上，因此不需要配备较多的店员，控制人手就是控制成本。

最后，轻库存。其实，很多实体店之所以需要很大的占地面积，是因为要安置库存产品，各种 SKU 都要配齐货品，以防断货。但是，体验店不是仓库的变形，所以商家大可仍将货品从仓库发出，而体验店只是存放为数不多的几样商品，如此就能有效地利用空间，为顾客提供更舒适的购物环境。

要记住，开设体验店最初以及最终目的是解决网购的硬伤：信任和服务的缺失。因为在网络交易的环境下，服务以及对产品的认知是无法保证的。这就是为何低价竞争只适用于标准化商品之间，而对于一些更看重附加值或品质的用户而言是无效的。同样，奢侈品之所以一直无法和电商完美结合，正是基于此原因——会出高价购买奢侈品的顾客并不在乎网购的价格是否便宜，而是需要去店铺感受那种被尊宠的感觉。因此，我们看到了钻石小鸟开体验店、天猫家装开设爱蜂潮等，都是在进行线下体验店的尝试。

互联网确实带来了机会，但传统的购物体验仍是不可忽略的。数据显示，目前80％的交易仍通过线下进行。在这种传统企业大举进军电子商务的情况下，如何成功使品牌落地，将是互联网品牌们要面对的问题。

非标品电商与O2O：
夹缝里的生机

非标品电商怎么玩 O2O

文 | 宗宁

　　垂直电商优菜网（生鲜电商）的创始人丁景涛表示，做不下去了，欲以150 万元转让。优菜网在两年时间里累积起来的资源是：2 万注册用户，其中 4000 活跃用户，网站客单价在 40 元左右。网站 2012 年全年的销售额大约 300 万元，早期曾接受过 200 万元天使投资。

　　由于主打非标产品的电商服务链条较长，且线上线下结合紧密，同时，非标电商毛利空间巨大，可运作的空间广泛，因此，非标化电商被认为是一个可以避开大电商压迫的方向。

　　但是还要考虑到，这个空白领域诞生的主要原因是非标产品过于复杂。因为过于复杂，运营成本高，所以被大电商放弃或者忽视，换句话说，是因为难做所以才有了生存空间。

　　那么，如何克服这个困难呢？以菜品生鲜电商为例，该领域还是有很大需求的，而且是日常需求，这是这个领域很好的地方，但问题就在于，这个实际上基于 O2O 的领域，充斥了太多的复杂性。

　　首要问题是品控。如果是纯互联网企业做这类的非标电商，会面临一系列的问题，比如货源品质、仓储物流，甚至包括保存不专业可能带来的变质，等等。之前做蔬菜生意的朋友跟我说的一个很容易被忽略的问题则是，蔬菜在运输过程中的水分蒸腾可能会使蔬菜减少 20％以上的重量。如果是蔬菜种植批发企业切入电商，情况则会好很多，他们只需要解决对互联网的理解问题。技术问题是可以解决的，行业理解却必须要经验和实践。

其次是用户体验。生鲜类产品的挑选是必需的，因为蔬菜是非标品产品，所以每个人的标准要求都不太一样，而在这些非标品中我们又要尽可能地推出一些标准。这就使得蔬菜电商可能需要走中高端路线，因为一些进口的水果蔬菜或者有机产品在同类产品中的品质是比较稳定的，而在批发市场，同一种蔬菜也可能会有若干个级别。

再次是用户理解问题。这个领域比较特别的问题就是，卖相好的产品不一定是质量好的，就好像打蜡的苹果肯定比不打的卖相好，有机的黄瓜不一定比加药的长得粗壮顺直，所以顾客看到某种产品价格高却卖相差，接受起来就会比较困难。

最后是扩张和复制的问题。因为地域化要求非常强，每个城市的蔬菜供应特点、管理特点和物流能力都有所不同，所以模式的复制会比较困难。换句话说，不见得会有高速推广和扩张的可能。而如果没有高复制性，其"天花板"就会异常明显，最后这个生意不会被资本市场认可，仅仅可能是一个会赚钱的生意。

对于以上问题，我认为可以从以下几个方面进行解决：

第一，自建类似快书包那种半小时配送到家的物流是保障类似电商模式用户体验的必需。

第二，最好有业内的成熟大佬提供产品相关环节的服务，而电商企业则主要负责挑选配送。

第三，选择尽可能标准的产品，快书包创始人徐智明就说过，鱼这个类目是比较好操作的。原因是，鱼这一品类相对比较标准，判断质量的标准比较简单（重量、活鱼），酒店需求也比较稳定，B2B2C（Business to Business to Customer，商对商对客的电子商务形式）没有太大问题。

总而言之，操作非标化电商一定要考虑以上四方面问题，且运营团队要做好应对复杂境遇的多手准备。

美业 O2O 需要"台风口"

文｜丁洁

O2O 在"浸染"了餐饮外卖、打车等行业之后，也"潜入"了美容、美发、美甲、养生行业，这些行业我们将其统称为美业。

温饱解决，"美"成了人们的刚性需求，一个普通人一年里在"美"这件事上的投资绝不是个小数目。有数据显示，每月去 2～3 次美发沙龙的受访者达到 30.66％，每月消费 1 次的受访者达到了 40.26％。这个比例在日后还会继续升高，未来量级难以预料。

当你还窝在美甲店的小格子里面做指甲的时候，一家叫河狸家美甲的 App 已经把美甲车开到你面前；当你还在苦心打探理发到底哪家强的时候，时尚猫、波波网等早就已经为女性用户们开辟了"快、准、狠"寻找发型师的通道。这些创业公司将目光瞄准都市丽人，借助各自的平台优势，把原本分散的线下小微商户做了集中的信息和资源整合、筛选；或者将触角深入到产业链的前端，通过向从业者提供系统的培训并帮助其拓展客源获利，他们正试图让凌乱的行业变得标准化。

然而与此同时，美业的 O2O 依赖性重，对商家和消费者的教育成本高，且发展非常缓慢，加上消费者和提供服务的人需要在线上和线下建立起充分的信任，这并不容易做到。不少人已经因为耐不住寂寞而退出，存活下来的也仍然在探索各种可能的盈利模式。整个行业需要一个"台风口"，到来的那天却未可知。

用不同姿势切入美业

在这个"毫发之间的黄金生意"场上，不少有着互联网思维的创业者预备大干一场。在他们的分析里，这个行业水很深、毛利高，但获取客户的成本同样不低，线下的商户规模通常不大并且位置松散，天然适合做O2O的整合。

在美业的链条上，如果去除掉最上游的美容产品制造和销售，剩下的关键环节就是美发/美容/美甲店、美发/美容/美甲师以及消费者。到底选择哪个环节作为突破口，他们有着不一样的看法和实践。

作为移动互联网的美发应用，时尚猫将最主要的关注点放在了美发店的管理和消费者的选择上。一方面，帮助用户"找到理发店/美发师"的产品；另一方面，通过后台系统的设置，帮助B端（商家端）的美发店释放运营压力。

从表面来看，这是一款集合发型选择、美发师、理发店和优惠信息的垂直App，"买家可以在App上看到发型师，同时通过时尚猫购买发型师提供的特惠服务，并且使用平台上提供的预约服务，预约时间来享受服务"。时尚猫创始人赵剑认为，在整个生活服务领域，女孩子的消费需求没有被彻底解决，仍然存在很多痛点；同时，很多线下的小微商户也有很多经营上的难点，例如租金高、营业额低等，而这么多年来，也很少有公司专门为他们服务。他觉得这是一个难得的机会，很有价值，可以构建一个给商户和消费者在线的交流平台来落实需求。

而在理发店端，他们将自己定位为"高端美发O2O平台"，在他们后来推出的"时尚猫旺铺"上，线下体验和线上管理被基本打通。换言之，在管理系统上，店长可以通过系统来实时管理、监测店铺的经营情况和发型师的工作情况,以及预约和完成情况,并通过顾客的反馈评价了解到员工的表现。

目前已经有近100家美发沙龙入驻平台,用户可以就近选择,预订和点评的过程都在线上进行。通过移动端的这些功能,昔日剪头需等位的现象会随之改变,用户可以在预订时选择发型师空闲时进行美发。时尚猫刚完成了一轮百万级别的融资,在产品功能上继续做着深化挖掘。

而立志做美发业"淘宝"的波波网正好与之相反,他们把平台服务对象直接面向了发型师。最开始只是作为发型师的讨论平台,生成了很多UGC(用户原创内容),波波网在这个基础上承接起发型师与消费者的对接功能。在波波网的商城里,不仅可以买到美发工具,还可以下载到相关的教程,包括线上的培训课程及线下沙龙等,这对于发型师来说,是不错的体验。波波网首席执行官史良瑞曾表示,"同时抓消费者和发型师对一个初创公司难度太大,所以一开始,波波网是只做发型师的"。

波波网作为平台招收了不少发型师会员,提供发型师工作和培训的机会,同时鼓励这些发型师上传自己的作品,建立个人档案。作为平台方,波波网做着"经纪人"的工作,会对发型师进行适当的包装,再推荐给消费者。在波波网的虚拟"广场"中,你可以看到来自全国各地的发型师"晒"出自己的美发作品,不少"菜鸟"发型师勇敢地将自己的作品进行分享。同时,发型师之间可以进行互动,还可以通过互相"关注"的形式,形成跨地域的美发交流圈。相比时尚猫,这里更像校园,供大家分享和切磋技艺。

放眼全行业,从单一的业务切入,再进行上下游的拓展,让不少垂直类目得以生存。在完成了第一步之后,他们更多地进行了"换位思考"。在波波网今年才推出的美发助手App中,消费者端得到了充分的重视,App不仅提供潮流美发资讯,还完成了发型师和用户的对接过程,这与他们试图构建的美业"Quora"(问答型SNS网站)的意图关联深远。

试图让一切标准化

美业一直以来都是典型的非标行业。首先，全国的发廊美容院众多，但理发频次较低，且每个人的需求不一，很难生成一个统一的模版；其次，这类店铺的价格参差不齐，理发师和美容、美甲师的手艺也各不相同。根据相关数据的统计，国内美发行业的从业人员达到 520 万人，不少是年纪轻轻就从农村进入城市谋生的学徒，很多从业人员都没有经过专业训练，缺乏独立的审美和专业的技术，导致标准化难以实现。为了引导行业走向良性的发展，标准化和规范化是前提。为此，这些创业公司纷纷做了些探索。

创业公司搜罗来自全国各地的优秀的"种子选手"，让其入驻美发平台，同时让他在平台上发布发型作品。在时尚猫的 App 中，你可以根据目前头发的长度，挑选来自各地的发型师发布的发模图，入驻平台的发型师的作品都会在那一刻被展现出来。选择好发型师之后，你会看到他的基本信息：姓名、服务态度、合理推销、美发效果、休息时间等，以及他剪发、烫发的价格，确定之后便可马上在网上下单和在线预约。这样的好处在于，能将发型模板和时间进行规范，让发型师和消费者清楚地知道各自的需求，以此提高获得较满意服务的可能性。

波波网会鼓励发型师上传自己的美发作品。在平台上，"竞争对手们"可以看到对方的作品，在良性竞争下这里反而从秀场变成了"学校"。这里的标准化主要在于对发型师的培训，使得其技艺有整体提升。发型师在互相交流学习的同时提升自己的美发技艺，从而提升自己的业务量。

美甲行业同样也存在着水平不一、价格区间差异大等很多问题。新进者河狸家正在试图解决这些问题。跟同类型的服务平台不同，入驻河狸家的美甲师以个人的名义存在，需要经过一轮轮的筛选才可以入驻，当然筛选的条件和规则都是由平台说了算。而相比很多美甲店高居不下的价位，这里美甲师的价格较为统一，基本上一套雕花的美甲价格都在 90 元左右，低于市场价，而且美甲师会提供上门服务。与此同时，消费者可以就平台上积累的用户评价、图片作为参考依据，看似水颇深的美甲业也在这样的规范秩序下开始了"新生"。

信任是用户与造美师之间的壁垒，一拍即合与一拍而散之间的距离差之毫厘，可为了让用户对服务更满意，商家需要作出更多的"牺牲"。对此，时尚猫尝试了这样的做法：顾客若在美发后对发型不满意可以重做，这个做法让理发师不再单纯站在自己的角度看发型，顾客的反馈甚至可以影响自己的业务水平。

对比后不难发现，这类美容美发的平台或应用都不约而同地从人的角度出发，让用户基于数据挑选服务，把原本自上而下的体验转换成了自下而上，把这些遍布在各地的小商家整合到一个平台上，希望让行业内的标准得以确立。

行业会买账吗？

美业 O2O 属于重度垂直的类别，但由于整个行业过小，且长时间信息不对称，导致很多人很难判断该种模式的长远性。这个行业尚未有巨头涉足，其操作难度亦可见一斑。创业者有诸多尝试，可并没有特别出挑的案例，众多行业从业者只能"摸着石头过河"。

刚获得 400 万元天使投资的"放心美"还是死掉了。"放心美"的创始人许单单曾表示，目前很多理发师还没有即时把自己预约的情况反馈到平台上，平台便很难第一时间了解情况，整个理发行业的信息化程度还很低。另外，用户预约美甲美发的习惯还没养成，网上预约的美容美发模式目前还没有成为行业的主流。

"台风"还没来，但是探索依然不能停止。

在顾客引导方面，时尚猫很早就开始研究用户在生活服务方面的习惯。相比于早期的团购业务，纯生活服务类的信息化构造更为复杂，"所以我们首先做的是商家的在线化，做了商家端的版本；其次，消费者通过时尚猫可以打破物理的限制看到自己想去的区域，把更多优秀的发型师呈现在平台上"。赵剑认为，B端（商家端）和C端（消费者端）合力的方式可以让这个教育的过程变得更好操作。

通常理发店都会选在小区或者热门的市中心，高额的租金让其只能依靠办卡业务捆绑住前来消费的用户，"这是获得现金流最快的方法"，赵剑表示。但这样的销售模式让消费者普遍反感，却又因为可以打折而无可奈何，所以在这个痛点下，互联网尝试着改变，却举步维艰。

"从今天来看，大量的沙龙从用明显的商业行为转化到了用更加专业的服务行为去留住顾客、产生更好的口碑。对于商家来说，可以拿着打折这个诱饵让用户长期捆绑在店里，但真正让消费者去消费的动力却在于每次提供的服务够不够专业。经过一段时间，用户黏度会增加，办卡这件事就会消失掉。"但众所周知，这种储值卡的存在，实际上是美容美发机构固定客源和提前吸纳资金的一贯做法，这本身已经是行业发展多年的利益模式，如果互联网的介入要拿走这部分收益却不能有效提供客流和增加其收入，他们就没有理由接受这样的服务。

对于盈利模式，赵剑还没有想好。"第一步还是以拉流量为主，目前主要的事情是联合各种中高端的沙龙，让更多的用户开始使用软件，等未来业务环境稳定了，就可以拓展延伸其他业务了，例如美甲、做睫毛以及做培训。"

波波网想进一步建立一个专业的美发平台，在掌握了大量发型师的核心资源之后，他们向发廊、产品公司、美发培训学校提供了更多教育类的服务。前不久在杭州召开的威娜2014中国总决赛中，波波网作为执行方参与了这场盛典——参加和组织各类大师级别的美发活动，不但可以增加收益,还可以在行业内争取一定的话语权。当然了,商城中美发器具只是众多盈利点之一。而河狸家是雕爷的第N个创业项目了,他们除了承诺永远不向平台上的美甲师收取佣金,还提供每周一次的免费培训,盈利主要依靠针对用户的增值服务和美甲产品的销售来获取。

美业O2O入局者大点兵

切入点	代表案例	融资情况	形态	模式
C端消费者	美美豆	2012年11月获得青松基金数百万元人民币种子天使。	App	侧重C端保护:以线上整合与透明条规的实施来确保消费者的利益。
美发/美甲/美容店	时尚猫	2013年8月宣布获得数百万元人民币天使投资。	App	B端管理系统:让用户评价发型师,但把管理权还给理发店。
美发/美甲/美容师	波波网	A轮800万元人民币,B轮上千万元人民币。	Web、App	通过UGC发挥承接联系美发师和消费者的中间介质功能。
美甲师	河狸家	获IDG(美国国际数据集团)3000万元人民币A轮投资。	App、微信	砍掉店面的中间环节,美甲师入驻平台,直接向消费者提供上门服务。

当婚庆产业遇上 O2O

文│范越

结婚的成本是多少？从婚宴酒席到蜜月旅行，从婚纱摄影到珠宝首饰，从婚庆策划到装修，样样都需要钱。令新人头疼的，不仅仅是这些高昂的花销，还有冗长的产业链下的高沟通成本和无法估摸的价格灰色地带。

而与此同时，婚庆市场又是绝对的"刚需"。目前该行业年均产值超过6000亿元，在互联网尤其是移动互联网的普及下，这个庞大的线下行业却还没有出现被快速颠覆的趋势，即便巨头公司和各类型的互联网创业公司都先后涉足其中。

目前来看，婚庆 O2O 市场入局的玩家不仅有"中国婚博会"等传统婚博会的线上平台，以"到喜啦"为代表的线下酒宴预订平台，以"婚礼纪"为代表的围绕结婚主题的移动互联网应用，还有以"八月照相馆"为代表的传统婚庆服务商家，都进行了线上线下的联动尝试。

然而，由于婚庆行业本身存在的利益链条长，用户二次获取难度大、成本高，产品难以标准化，商家服务集中在线下以及缺少全国性婚庆品牌等现状，这个行业一方面在互联网的浪潮下显得步伐笨重，另一方面也给了线上线下企业更多的动力去开发这块亿级市场。

口碑引导二次流量获取

结婚对于新人来说是一生一次的大事，最大的特点是消费高但频次低，用户获取较难，用户二次开发价值小。婚庆 O2O 平台也就永远处在不断吸引新流量、赢得新客户的逻辑之中。而在流量漏斗的另一端，沉淀忠诚用户的难度大，决策的信任成本很高，这也是婚庆 O2O 平台通常发展缓慢，需要更多的时间成本的原因。

到喜啦已经在这一领域耕耘了 4 年多的时间，最初以酒店婚宴作为切入点，目前已经逐步拓展到婚纱摄影、婚庆用品、蜜月旅行等服务。放眼整个行业，从单一业务切入，继而向产业链上下游延伸，提供综合性服务，是不少婚庆网站会选择的发展轨迹。

而之所以以婚宴为起点，到喜啦首席运营官娄轶介绍说，主要是基于三点原因：第一是因为婚宴预订处于整个结婚产业链的最前端，一般订好婚宴才会开始预订婚纱摄影、蜜月旅行等；第二是由于平均下来婚宴费用大约占一对新人结婚费用的 48％，单笔消费在 6 万～8 万元，在整个婚庆产业中占到近一半份额，这一块蛋糕非常大；第三，目前传统婚庆产业并不是很标准化，而婚宴却可以说是相对标准的，无论是地址、位置还是餐标，包括整个服务流程已经相当成系统，形成了一定的标准。

作为线下商家和消费者之间的"中介"，与传统的婚庆中介垄断行业信息、利用灰色地带获得丰厚回扣不同，互联网语境内中介性质的网站需要做好信息的透明化处理，提供更好的服务和用户体验，才能在两端沉淀下更好的口碑，争取话语权。在互联网获取用户流量成本高居不下的今天，口碑效应引导的用户二次开发尤其重要。对于到喜啦来说，基于入行较早的运营经验和用户积累，有一定的先发优势，但是对于用户的持续开发，依然不敢松懈。

"已有的品牌形象和积淀对获取新用户有一定的帮助，但是老客户营销更为重要。如果一对客户通过到喜啦预订到满意的婚宴，并且在下单到体验整个过程中感受到贴心的服务，就会主动传播，口碑效应会让用户不断积累。"娄轶说，作为婚庆O2O平台，天生就兼具了互联网和服务业的双重基因，这就注定了企业既要能用互联网思维去整合传统的婚庆行业，又要能为用户提供更优质的服务体验。

婚庆行业有一条产业链，当客户在平台这里体验到良好的婚宴预订服务之后，会自然提出婚纱摄影、婚庆策划等服务需求，产业的各个环节已经足够细分，但对于新人来说，每个项目都需要单独花费时间、精力进行比较，非常麻烦。"他们希望能享受到一站式服务，所以对后面两个项目来说，获取客户几乎是零成本的，而这种整合是建立在平台对婚宴细分领域做深、做透的基础上进行的。共享成功的经验和模式，可以事半功倍。"

同样专注于提供中介信息的婚庆O2O平台喜事网，也在想办法在产品体系打通的情况下，用口碑完成二次流量的获取，包括鼓励用户发表图文点评，邀请、引导专业的婚庆策划师、设计师为网站撰写评测稿件，为用户提供更专业的意见引导。"口碑的来源是信任，信任源自你的产品和服务。"

而很多行业的后来者面临着更加尴尬的处境。一位不愿意透露身份的业内人士表达了自己的担忧，在品牌还未足够强大时，目前流量的来源主要还是通过搜索引擎，成本高且依赖性强，在看似喜人的毛利润中，成本占比就接近30％。这也迫使他们更卖力地通过老客户的口碑传播挖掘新客户，包括用定期举办老客户答谢会、赠送礼品等方式来激活原有客户。

非标品何以标准化？

婚庆行业本身是个非常传统的产业，产业链很长且分散，各个环节的标准程度也有所不同，是典型的非标品，互联网渗透的程度远比不上零售端的其他领域。标准化程度低，就意味着无法提供更高效的服务，且难以复制模式，不易形成更有竞争力的全国性品牌。但随着"85后"、"90后"一代先后进入适婚年龄，网上预订平台在婚庆行业所占据的市场份额会越来越大。

到喜啦从婚宴领域切入并将成功经验复制到婚纱摄影、婚庆等业务单元中，形成"组合拳"，在全国23个城市全面铺开，产生具有壁垒的品牌效应。登录到喜啦的官方网站，在页面左侧可以清晰地通过三步选择"地区"、"预算"、"桌数"，接下来就能找到基本满足自己需求的婚宴场地。到喜啦还将婚宴"三步下单"的经验复制到婚纱摄影的预订平台上，创建了"两步订婚纱摄影"系统，通过选择"您喜欢的风格"、"您的心理价位"先为用户完成最基础的筛选，然后用户可以更进一步选择品牌、作品、价格等进行横向比对，最终完成预订。

八月照相馆作为婚纱摄影产品的提供方，需要考虑的更多。由于线下影楼买卖样片乱象频出，摄影水准参差不齐，使得消费者对于行业缺乏信任，所以建立一套标准化的服务流程就显得尤为重要。为此，他们在业内率先推出"拍摄不满意可无条件重拍，重拍不满意可无条件退款"等服务，通过这种方式来增强用户的好感。

另外一个阻碍行业发展的桎梏是区域性限制，由于标准化程度不够，婚庆供应链的分散让整合变得更加不易。据了解，全国婚纱产地集中于广州、上海、苏州三地，而各种婚庆产品混杂在服装、礼品和小商品市场内，没有形成体系，珠宝、礼服等高档产品则需要去商场和专卖店采购。对于平台来说，进入一个城市意味着重度的地推和经营，成本更难以被摊薄。

事实上，2012年年初，到喜啦就面临着这样的抉择，当时三位合伙人就"是否要走出上海"这一命题激烈讨论。最终，他们选择走出去，到其他城市试错。但为了最大限度地降低试错的成本，他们并没有盲目地扩张，而是将目光锁定在一二线城市。娄轶认为这些城市的消费结构符合他们设想的商业模式，且这些城市互联网的渗透率更高，购买力也更强，对于婚庆的需求更大、要求更高，加上这些城市酒店资源富余，更容易达成合作意向。然而，彼时各方面的资源都没有跟上这段时期的过度扩张，实际效果也并不理想。"于是，我们做出撤回的决定，在各方面都准备得更为充分的情况下，到 2013 年才进行了适度的扩张。"目前，到喜啦已经在全国 23 个城市开设分公司，对于每个城市特点的准确把握也使其把后来的摸索者甩在身后。

不过娄轶也承认，目前支付闭环的完成仍是一道难题。作为 O2O 体验中的最后一环，支付环节的缺失主要是由于婚庆行业客单价通常较高，平均单笔消费 6 万～8 万元，就目前的情况来看，要让消费者在线上支付如此大额的款项，并不容易。"我们并不急于推着消费者进行线上支付，一切都以消费者感觉最舒服的方式进行。随着适婚人群的变化，对线上支付的接受程度会越来越高，应该就在近几年内，在线支付交易闭环就会完成。这是一件水到渠成、顺理成章的事情。"

对于如何避免用户与商家进行线下交易，到喜啦还制定了一套规范化管理流程来保障各方利益。酒店方也不会为了一两单的利益而撇开平台自己给用户开单，而一旦发生违背合同条款和商业道德的情况，平台也会终止与酒店方的合作。

消费者、商家、平台共赢的逻辑

这个看似光鲜、高毛利的行业，背后是商家想尽办法为各方带去利益和价值，以支撑自己的利润结构和议价空间。

娄轶认为，平台应该扮演的角色就是商家跟消费者之间的"桥梁"，为新人达成结婚的目标，为商家带去实际的利益。对于线下商家来说，虽然婚宴能带给酒店不错的餐饮销售业绩，但是也需要投入相当的销售人力和宣传推广费用，人力和财力只要有一项跟不上，酒店就很难在婚宴市场中分得一杯羹。而与到喜啦这样的平台合作，能够解决销售人力和宣传推广两方面的难题。而且，平台会根据客户的需求进行婚宴酒店的匹配，酒店也并不必担心被过多的无用信息干扰，尽管客户难免会存在货比三家的心态，但是客户通过这种途径达成意向的比例明显偏高。

对新人来说，结婚是一件非常个性化的事情：有的新人对酒店档次有要求但对档期不是特别关注，有的却恰恰相反；有的不关心具体细节只是需要一场特别的婚礼，比如游轮或者草坪婚礼……不一而足。平台通过把这些庞杂的信息用技术整合起来并分拣，能为新人找到最适合最匹配的场景，也能为这些婚宴场所寻找到更合适的新人来消费。

无论是"三步订婚宴"，还是"两步订婚纱摄影"，以及专业的结婚顾问服务和各种营销活动，都能帮助新人优惠、省心、有保障地搞定婚礼大项。而平台对于合作商家的筛选也有严格的规范，能够过滤掉一些不合格的商户。

目前到喜啦平台上数百名婚庆婚宴顾问都受过专业的培训，可以快速准确地为用户解答疑问，挖掘用户需求。"随着业务链的拓展，只有提供更优质的个性化服务，才能走得更远。"

服务业说到底是一个劳动密集型产业，喜事网采用了建立呼叫中心的模式来提升服务体验。在 200 多人的团队中，有一半以上隶属于呼叫中心。这个部门的职能主要是销售和提供婚庆的建议，实际上，销售人员在与客户的沟通过程中，可以逐步成长为一名初级婚庆策划师，不仅能够提供更加有针对性的建议，还能在高频的沟通中与客户建立信任和联系。这种劳动密集型的服务体系，背后是互联网公司在婚庆 O2O 落地时提高自己附加值的无奈之选。

传统婚庆行业中其实是存在不少灰色地带的，而互联网的透明化正在稀释这些灰色地带。在推进过程中遇到商家或其他线下中介的抵触是每个传统行业都要面临的问题，O2O 将线下商务的机会与互联网的技术结合在一起,让互联网成为商家线下交易的前台,起到推广和促进成交的作用,同时也让消费者更加便利实惠地消费。只要实现得好,就是平台、商家、消费者的"三赢",这对于婚庆产业的长远发展来说,无疑是有利的。

国内婚庆 O2O 市场玩家分布

分类	网站	创立时间	融资情况	主要模式	优势	劣势
传统婚博会/论坛落地	中国婚博会	2005 年	不详。	以线下活动为主,利用网站进行预热和门票发放。	历史久,有影响力,参与商家众多。	网站功能相对单一,重头还在线下。
	19 楼(婚庆频道)	2006 年	完成 A 轮 6000 万元融资。	论坛聚集商家和用户人气,举办线下婚庆活动。	用户基数大,活跃度和黏度高,品牌有号召力。	信息比较分散,论坛网友的消费力较低。
婚宴预订平台	到喜啦	2010 年	完成千万美元 B 轮融资。	整合线下商家资源,给线下带去流量并从中分成。	从婚宴预订环节切入,标准化程度相对较高。	用户二次价值低,用户和商家资源需不断挖掘和维护。
传统线下商家	八月照相馆	2005 年	不详。	较早尝试互联网营销,以 O2O 模式切入,扩大服务半径。	有服务业基础积淀,善于做老客户营销。	用户来源搜索成本高,用户需求多样化,劳动密集型服务企业。
移动婚庆App	婚礼纪	2013 年	完成数百万美元融资。	聚焦准备举行婚礼的新人的结婚主题 App,记录、分享婚礼过程。	基于移动端,更加垂直,注重社交基础。	用户黏度不高,不是迫切结婚的新人,交易存在滞后性。

家装电商落地需缓冲

文 | 王晶菁　王骏　方菁

　　有的行业有很多相似的名词,这些名词会让人傻傻分不清楚,比如家具、家居、家装等。从普遍认知上理解,家具是指家庭器具,如厅、房、办公、户外等场所用到的产品,多以木材为主;家居偏整体性,包括居家环境、风水、所用产品,它体现的是一个整体风格和派别;而家装指的是整个家庭装修过程中包含的各个环节,也就是我们常说的软装和硬装。本次我们要谈的家装电商涉及装修全过程,以及其中所需采购的产品和落地服务的平台模式。

　　最初的家装电商可能只涉及其中部分业务,如美乐乐在线上销售木材家具,齐家网则在网上召集到消费者后一起到线下采购建材商品。而随着自身的发展和市场需求的扩大,无论其以何种模式在线上起家,现在都已将商品及业务类型扩展至整个家装环节。这就涉及除商品购买(网购零售)之外的产品体验、上门测量、落地配送安装等一系列服务。这也是为何家装电商要将产业链做全,需要开展O2O模式的原因。

　　齐家网全国大运营部总经理俞丽萍说:"家装建材行业要做透的话,很多东西要落地,如果没有落地的服务团队覆盖,这个行业只做了1/3。"可见,家装行业的O2O不仅是开家线下体验店那么简单。

　　随着家装电商业务模式的转变,行业的格局也在发生变化。现在已有越来越多的电商逆袭线下渠道，传统的家装卖场渠道商被迫向上"触电"，如红星美凯龙、居然之家等。虽然在这两股势力中，它们各自在向下走或向上走中遇到的问题和最终形成的业务模式各有不同，但大方向是趋同的，就是如何寻求更适合家装行业特征的商业模式，而其势必需要线上和线下两个载体。

1.0时代，单一诉求下的野蛮生长

在最初的年代，谁都没想过要做一个大而全的模式，往往都是从自己所擅长或是契合当下商业环境和消费习惯的模式切入。比如齐家网"线上召集，线下采购"，美乐乐的网购家具。

2005年齐家网创立之时，O2O等概念尚未火热，连淘宝网都是一个新鲜事物。彼时互联网热门的是社区论坛，或是与生活服务有关的分类信息网站，齐家网最初切入的就是后者，即提供与家居（含装潢、建材、家具、家电等）相关的生活消费品信息的网站。家居建材的产品属性是高决策、低频次的，消费者在网上仅仅能看到商品推荐信息，却无法触摸实物。因此，齐家网在网上召集了一批有采购家居产品需求的消费者后，一起到线下看产品。

最早由于没有固定的场所，齐家网就在酒店租了一间房间作为产品展示的样板房，一方面家居产品也比较适合在房间内展示，另一方面有了客户人群后，便于网站与产品供应商议价。齐家网线上聚集用户（引流），线下体验与下单，这种"线上召集，线下采购"的模式，在当时被看作是接近O2O的模式，已广为业界所知。

但这种模式也有一个弊端，线下场所不固定，每次开展活动需要根据用户聚集地来选择合适的场地。且随着网站业务规模的扩大，酒店的客房面积已经无法满足更多的产品展示需求。2006年，齐家网在上海开设了第一家展厅，占地 4000 平方米以上，开始打造互联网门店。

与此同时，另一家有着电商基因的企业也开始投身这个行业。2008 年 2 月，美乐乐诞生于淘宝，省去了中间经销商环节和线下店铺的门店成本，网购家具的性价比显然比传统的线下采购高很多。于是，借由电商、网购的兴起，美乐乐成了土生土长的互联网家具品牌，并建立了自己的 B2C 网站，培育了十多个家具、建材类的自主品牌。

假如以电商零售的路线走下去，将网站打造成家装行业的京东或许是其比较好的归宿。但现实与理想之间存在着鸿沟，在经过了前期的流量积累和沉淀后，网站后期的转化率一直上不去。2010 年下半年，美乐乐天猫旗舰店的月成交额仅为 300 万元。这与产品特性有关，家具是非标品，且价格偏高，用户在购买前无法光靠一张展示图片来做出购买决策，这大大限制了电商平台的成交转化率。

为解决这一问题，有卖家利用 3D 建模，挖掘图片展示的最大想象空间，让用户的视觉体验获得升级从而促进成交。美乐乐的做法更直接，就是让用户眼见为实。2011 年，美乐乐在总部成都开设了第一家线下体验馆，彼时，美乐乐刚获得了首轮融资。但线下体验馆的布局是一项长期投入，门店开设需要更多资金支持，后续第二轮的 4000 万美元融资，给了它足够的底气。2012 年，其在全国范围内又开设了 100 家门店，将网点覆盖至各省主要城市。

似乎开设线下体验店是家装电商发展到一定阶段后必走的一招棋。同为家具互联网品牌的林氏木业前不久就表示："2014 年 8 月在广东佛山开设首家体验店，加速线上与线下体验的融合。"当战略一致，速度成了商家比拼的关键。

2.0时代,卖场觉醒后的群体反击

相较于电商向下走的主动出击与快速覆盖,传统家装的觉醒似乎慢了一点,且并不那么顺利。

其中的先行者当属红星美凯龙。2012年,其线上商城红美商城低调上线,虽信心满满但发展态势却与苏宁易购类似,电商之于传统卖场成了迈不过去的那道坎。究其原因,卖场上线后陷入了“自己与自己博弈”的困局,消费者选择网购家具建材产品与其低价有关,打价格战势必会影响到线下卖场经销商的利益。于是,就有了第二套方案,即线上与线下产品区分,这也是很多卖场在上线后采用的方法。但如此,问题又来了,线上渠道与卖场原有的资源无法打通,两者没有形成互补,反而成了对立或是平行发展。

因此,继红星美凯龙后未见雄心再起的传统商家,直到线上平台的线下之手“越伸越过”。电商平台霸主天猫对于家装这块肥肉一直虎视眈眈,虽然爱蜂潮线下体验馆的模式反响平平,但并没有阻碍其进一步的尝试。2013年9月,其将支付宝的POS(销售终端)安装到了线下卖场,这一举动引起了19家家装连锁卖场的群起反抗,红星美凯龙和居然之家当然也在其中。而就在同年11月,居然之家的线上项目“居然在线”正式启动。

1999年成立于北京的居然之家,以经营中高端家居为主,集家装、建材、家居等全业态为一体。截至2013年,线下门店多达90家,营业面积500万平方米,未来仍将以每年20~25家的速度扩展线下渠道。对于上线的时机,居然在线总经理汪小康觉得并不晚。“都知道要做电商,但关键是怎么做,如果没有理清其中的关系和布局,做再早也只是用失败换经验。”他认为,传统卖场之所以“上不去”,一方面是没有平衡好渠道与经销商、厂商的关系,另一方面是没有将线上和线下两者定位清晰。

电商对于传统家装行业最大的威胁在于，颠覆了原有厂商、经销商、渠道商三方一体的产业链结构。"电商平台可以直接和厂家合作，从而从整个三方一体的结构中剔除了经销商，但作为渠道商，我们不可能放弃原本与自己合作最紧密的经销商团队，因此要平衡三者的关系。"汪小康介绍说，居然之家制定了一个原则，线上线下同一经营实体、同一产品、同一价格、同一服务。在线上布局时，他并不急着建立一个面向全国的总站，而是按地区逐个组建，2013 年 11 月上线的网站只服务北京地区。"各个站点的业务，由地方经销商负责，这就保证了经销商利益不会互相起冲突。与此同时，调整全国的价格，等到全国网点健全、价格统一的时候，再推行全国站。"汪小康介绍，北京站上线期间，网站联合线下的 5 家门店启动了"线上线下一体化"的联合促销活动。14 天时间，成交金额达 1400 余万元，建材家居客单价 1 万多元，线下门店销售额平均同比增长 60％以上。后期，平台计划将这种针对区域性的模式复制到武汉、太原等各个城市。

面对线上已然有一定基础的家装电商，居然之家认为其竞争对手并非这些电商商家。对居然之家而言，最重要的是将线下已有的用户服务好，不让其流失，同时服务好经销商。"家装行业涉及的产品太丰富，又高度分散，消费者需要一个重体验且一站式的服务场所。品牌商自己做线上或是线下的压力都比较大，也需要一站式的落地服务体系。因此，全业态的卖场流通渠道依然掌握着相对的话语权，这也是为何家装电商要做线下体验馆。"汪小康说。因此，传统卖场在布局线上时，不应丢失原有的优势以及各地经销商落地服务的功能。

"既然家装行业有地域性，就化整为零，针对各区域协助经销商建立线上渠道或许会成为传统卖场上线的另一种途径。"而这种区域性的 O2O 模式，也与大众点评、丁丁网等本地生活类网站分城市、分地区覆盖的模式类似。

3.0时代，MIX后的模式颠覆

传统家装企业在电商化进程中力求不改变内核的机制，而电商在向传统渠道延伸或者说是O2O的进程中，其原有的商业模式已经发生改变。

"我们的模式和以前已经不一样了。"齐家网运营总经理俞丽萍说。自开始踏出线下门店这一步，他们就开始思索O2O中两个O的功能和职责区分。就目前的业务模式来看，线上的功能以零售和业务咨询两部分为主，线下则是商品体验、订购、配套服务。其中的产品可分成两类：一类是小件标准品，如五金和开关等。这部分商品类型大多相同，单价也相对较低，用户通过网上查询价格后就能下单。还有一类是非标准化产品，如沙发、床等家具以及一些建材用料，需要测量才能安装使用。消费者可以在线上预约和咨询，线下体验、采购，再由齐家网安排送货安装等。

对于小件标品，齐家网以平台形式与商家合作，一方面与产品优秀的品牌商实现战略合作，将产品覆盖至全国；另一方面也与一些在当地有竞争力的品牌合作，借助其在当地的影响力覆盖至本地。其中战略性合作的产品需要入库，由平台统一发货，而地方性品牌则可以由商家自行发货。对非标类产品，需要消费者在线下体验的，齐家网则与各个地区的经销商合作。俞丽萍说："网站在全国开设体验店就是要覆盖全国各地的家装经销商，只有他们才能完成落地的测量和安装服务。"

齐家网从2013年开始在全国实施"百城战略"，规划是每个省会城市开设1～2家互联网门店，面积均在1万平方米左右。截至目前，全国的互联网门店已增至38家，线下互联网门店云集众多国内一线品牌。齐家网创新性地将互联网元素植入线下门店，门店的数字化基因随处可觅：PAD终端展示、二维码扫描产品信息、移动端场景支付。

同样，美乐乐的模式也发生了变化，为适应线下消费的需求，其从原本的产品品牌变成了渠道品牌。

目前，美乐乐85％的订单来自线下门店，线下门店全部以直营模式开展，如此从用户到店到下单采购的整个过程形成了一个闭环。数据显示，2013年其全年销售额达到20亿元，而2011年纯线上的全年销售额仅为千万元。显然，线下门店的拓展为其带来了更多的销售额。美乐乐品牌总监潘守正说："现在美乐乐在线下已经有数百家体验店，但追溯用户来源，从线上导向线下的只有3‰。"也就是说，更多的用户是直接通过线下传播途径来到店内，而这在其开设第一家门店时就有所体现。

美乐乐的第一家门店位于成都三环外，地理位置偏远且门店面积狭小，以至于30％的线上用户到线下后由于找不到线下门店而流失，但即便这样，半个月后这家店的成交额也到了50万元。他们算了一笔账，发现家装行业传统门店的租售比（房屋租金与售价的比例）为5％，也就是说即使门店增加，成本上升，对于销售业绩的压力也并非很大。这个数据促使了美乐乐将线下门店拓展作为扩大规模销量的一大战略。

在门店拓展的过程中，其身份也从品牌商转化成了渠道商。显然原有的自主品牌体系和商品量无法支撑起线下一个大面积门店的产品陈列和用户需求，于是，其向平台渠道商转变，允许品牌商入驻就是水到渠成之事。同时，线上商城的定位也向渠道商转变，供应商产品同步在线上与线下进行销售，目前，美乐乐线上商城中自主品牌产品的占比已经降低到了30％。

未来，分清主次，有机融合

虽然模式在变化，但随着各自的延伸，家装电商在线下终究会面临与传统卖场的对抗。显然传统卖场对线下门店设置、渠道渗透、经销商管控、消费者习惯的摸索更为清晰，而家装电商亦可发挥短、平、快的电商属性，将坪效（每坪的面积可以产出多少营业额）做得更高。有研究数据表明，O2O电商卖场比传统卖场坪效高出3～4倍。

俞丽萍认为，购买家装产品将无疑带来决策困难的购物体验，因为一件商品不是一个人看了就好，而是需要一家人来决策，这就需要反复的商讨和确认。且家装产品的整体客单价都比较高，从装修到买材料到最后布置，是一个重服务、重体验的行业。因此，很难以一个纯互联网或是纯线下模式发展下去，必须将两者结合起来。

只有标准化，才能提高产品效率。家装电商切入线下渠道，是将传统零售电子商务化的过程以互联网信息化的管理方式来管理线下门店商品和进行用户维护，同时将此前无法统一的服务质量进行标准化统一。

目前的家装电商，在五金开关等小件商品管理上已经实现了标准化，需要改进的就是大件非标类产品以及配套的落地服务，如统一施工进度、用户评价体系、管理模式等。为提高价格优势和服务质量，在非标类产品上，齐家网选择与优秀的品牌商达成深度合作，保证其产品有一定的定价权。此外，对经销商进行梳理，与工厂指定的优秀经销商进行合作，不排除整合或兼并一些专业性高和服务质量好的第三方团队。如此，齐家网已从原来的平台渠道商向后端的厂商和服务经销商延伸，业务模式也不再是原有的合作而是直接涉足。对其而言，直接掌控，或许是提高效率的最直接方式。

在具体的互联网门店运营上，齐家网将商品管理信息化，从而提高服务质量，让单店产生更高的价值。在齐家网门店，每件商品有独立的二维码，有信息记录平台，这样网站与门店的商品信息可以实现同步。另外，用户进入卖场后的行为也被信息化，有签到信息、订单和选品信息、服务信息等记录。这些信息对于后期的用户管理、送货服务等都有很大的帮助。

而齐家网的"百城战略"不仅是互联网门店的开设，更是家居行业供应链、服务链、营销链、资金链等业务场景的互联网化。伴随着"百城战略"的还有齐家网互联网金融产品：齐家钱包。从担保交易，到货到付款，再到安装后付款，齐家钱包试图变革家居建材行业的支付方式，为消费者提供更加安全可靠的保障。

同样，美乐乐也在提高自身的坪效，美乐乐品牌总监潘守正表示，除提高运营能力外，还会对门店进行梳理，关闭那些坪效不高、特别是成交率不及所在地平均水平的店铺。对家装电商而言，线下门店的管控是一个边扩展边调整的过程。

当然，这种模式也可以被效仿。居然之家就在上线同时发布了移动App，居然在线在公共区域设有二维码，消费者一扫就能进入其线上店铺。通过二维码，居然之家试图实现实体店和线上商城的互相引流。当然还有用户行为的记录，用于了解用户习惯和特征等，这种数据化分析是传统商家在接受互联网思维洗礼过程中最快速的尝试。

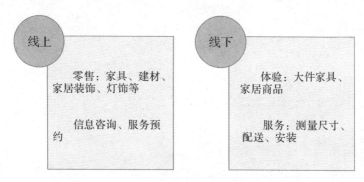

家装电商 O2O 业务结构

相反，家装电商并不看好传统卖场在线上的运营。"很大原因在于，经销商和厂商不注重，那些商户本身就很不互联网。"长期与供应商打交道的俞丽萍深有体会。她认为家装电商这两年在线下主要是将已有的订单和服务做好。"行业一直在变，很难说一个网站或者一个公司就能颠覆整个行业。"

但可以肯定的是，家装行业的特性决定了家装行业不会出现一家独大的垄断局面。在一些标准化程度高的行业，比如家电 3C 品类（即计算机、通信、消费电子产品），会因大量生产而控制成本，从而形成价格优势。但在非标类商品中，大件类商品的运输和安装决定其有很强的地域性。而从渠道上看，线上会集中，而线下又是分散的。因此，分清主次，理清线上与线下的业务重心，并将两者有机地融合起来，以此来打通消费者对于家装消费的全需求，是家装电商的模式改进方向。

两大家装网站发家历程

齐家网发展历程

2005 年，在上海成立全国建材家居网络导购电商平台。

2006 年，在上海建立第一个落地展厅，迈出 O2O 电商发展第一步。

2010 年，占地 8000 平方米的第二代展厅建立，扩大了入驻品牌量及一线品牌占比。

2013 年，开启"百城战略"，提出互联网门店概念。

2014 年，预计互联网门店开设至 100 家。

美乐乐发展历程

2008 年，美乐乐家具网正式运营。

2010 年底，获得第一轮融资。

2011 年，在成都开设第一家家居体验店。

2012 年，获得第二轮 4000 万美元的融资。

2012 年 8 月，建材城正式上线，从"家具"蜕变为"家居"。

2013 年 8 月，首家家具建材体验馆在广州成立，向家装全行业转变。

殡葬电商 O2O 新探索

文｜孙瑶

2013 年 12 月,从事殡葬服务的福寿园在香港完成新股发售,这也是中国殡葬行业发行的第一只股票,尽管福寿园的利润和地区影响力首屈一指,但 2012 年它仅占整个市场份额的 1％。

据市场调查机构的数据显示,殡葬业的年增长率将达到 17％左右,到 2017 年,殡葬业的产值将升至 1000 亿元。彼时,随着人们观念的转变,除了传统的殡葬服务之外,网上祭扫等衍生产业将逐步兴起,行业亦会开始变得多样。

同时,殡葬用品的价格不透明、机构垄断等问题也应运而生。为了打破行业原有的灰色地带,打通整条产业链,2013 年年初,"实体店＋网站"的服务模式让彼岸从一出生就带上了互联网的色彩,并获得了投资人徐小平的天使投资。

抛弃纯电商

2012 年,彼岸首席运营官徐毅在处理家中老人去世的事情时,看到了殡葬行业的不透明,当时他还是德生堂网上药店的首席执行官。后来,合伙人王丹也经历了亲人的离去，发觉殡葬行业有太多规则可以打破。有着电商经验的两人一拍即合，计划建立一个网站，从而彻底改变殡葬行业。

以北京为例，与彼岸类似的经营寿衣及周边产品的店铺约有 1500 家，大部分都采用家族经营方式，由于标价不明、看碟下菜的强盗式文化盛行，店主们几乎不会雇佣导购。"我们原来都是做电商的，对殡葬完全不懂，所以很多东西都是自己慢慢摸索出来的。"徐毅首先收集了一些官方数据，对行业基础有了一定的认知，例如北京常住人口在 1700 万左右，年死亡率大概在 7.4‰；然后开始走访北京大大小小的寿衣店、打探行业渠道等，两个多月下来对整个行业逐渐有了比较全面的了解。他在调查过程中发现，整个殡葬行业实际上分成三个阶段：前期主要进行商品销售，比如寿衣、骨灰盒等；中期涉及火化环节，这基本由政府等相关机构执行；后期才是安置，即墓地的选择。"墓地业务我们肯定做不了，殡仪馆又被民政部门垄断，我们最多能提供一些咨询性质的服务。所以我们能做的只有前期的工作，主要为逝者及其家属提供一些商品与个性化服务。"

网上销售的产品陷入低价的恶性竞争，而殡葬行业有着强烈的个性化需求，诸多事宜需要当面沟通，单纯的电商路显然走不通。2013 年 3 月 10 日，彼岸在北京的东高地开设了第一家实体店，4 月 10 日，彼岸官网上线。起初的网站设置很简单，顾客下单即配送，网站兼具支付功能，但运行了一段时间之后，徐毅发现了问题。"因为殡葬的产品比较特殊，比如骨灰盒的材料等，需要顾客到店里去接触实物才能有切身的感知。拿淘宝来说，也有相关产品的销售，但实际上，一个骨灰盒一个月最好的销量也就五六十个。在这样的基础上，把产品拿到电商平台去销售，销量并不会很大。"于是在网站改版的时候，徐毅关闭了支付功能。与同行清明商城不同的是，彼岸迄今已经有三家实体店，60％～70％的消费人群来自彼岸官网，全部商品明码标价，销售价格大约为市场价的 1/3。而对于实体店的选址，徐毅和合伙人刚开始也倾向于传统的方式，两家店位于医院旁边，一家则在殡仪馆边上，但如果想要以"实体店＋网站"的O2O模式持续经营，徐毅也计划着对地址的选择做出一些改变，不再拘泥于医院和殡仪馆附近。

不只卖产品

殡葬不像其他行业，很难进行营销活动，而消费者已经形成了固有的线下消费模式，这时要如何获取稳定的客源，在更多的行业新晋者中保持竞争力？彼岸的目标顾客是"70后"、"80后"人群，这部分人群大多有上网的习惯，只要商品和服务得到认可，也能形成很好的用户黏性。

实际上除了买祭祀用品外，大量的顾客还有从商品到服务的一系列需求，例如墓地如何选择等。"其实顾客的服务需求很多都是在和商家沟通时反映出来的，比如葬礼的形式、特殊需求等，顾客本身不知道做什么，所以我们可以形成一个服务的体系，把线上的人引到实体店来，形成O2O的销售闭环。"在彼岸的官网上，殡葬一条龙、定制雕塑、生命钻石、太空葬礼等服务模式多样，徐毅和他的团队还在开发一款名叫"丧葬流程小助手"的产品，从逝世到入殓，从挑选寿衣、骨灰盒到火化祭祀，整个流程将被如同百科词条一样有条不紊地呈现。对于顾客来说，完全可以按照这个流程处理殡葬事宜。经过一段时间的运营，并具备了完善的行业知识后，彼岸团队可以在接到订单2小时内就策划出一套完善的丧葬服务。同时，心理辅导、法律咨询等也融入到服务链条，以满足顾客需要。

抛开固有的服务形式，顾客总会有一些个性化的商品需求，而针对比较独特的商品，彼岸也推出了私人定制业务。只要顾客先交一部分订金，彼岸便可以根据顾客的要求下单生产，例如一个骨灰盒可以在2～3周内完成生产。"当然，这种业务并不具有普遍性，很多人的去世都比较突然，时间上并不允许我们进行这样的操作。"虽然这是业务线上的一个创新，但产值却远没有达到期待。

　　做殡葬电商的难点实际上在于，本身中国人对殡葬比较忌讳，所以临时有需求产生的时候，一般都会去寻找小的寿衣店来处理后续的问题。在这样的市场基础上，彼岸要做的更多的是行业的培育，解决百姓对行业的印象和对殡葬文化的培养问题。"我们在跟顾客接触的过程中发现，大家特别重视纪念，而文化就容易被忽视。我们想通过文化的传达，改变大家对死亡文化的理解，算是一种初级教育。"彼岸团队更加希望通过个性化服务颠覆社会对死亡的认知，并提升家属料理后事的情感体验。

　　殡葬业小店丛生，不规划发展，行业内并没有一个真正的品牌，这对于创造自有品牌无疑是一个非常好的时机，创立自有品牌，至少能让殡葬用品的价格更加透明化。因为品牌创立涉及渠道、生产等多个环节，所以这将是彼岸团队接下去面临的巨大挑战。2014年，徐毅计划开设新的实体店，线上线下同步发展，打通O2O。同时，也会考虑重新开启网站的支付功能，满足一部分客户只购买产品的需求。

　　当然，彼岸降低产品价格之后，必然引来行业内的竞争，免不了有人也照搬彼岸的模式，但徐毅依旧保持着乐观的态度："肯定有人会来抄袭我们的方式，但其实这样对行业市场化是好事，起码能先让价格慢慢回归到合理的状态。"行业的忌讳使得彼岸在吸收人才上也遇到了困难，等待彼岸的还将是更具有挑战的业务探索和团队完善。

花卉电商新突破

文 | 陈林

相比于花卉行业千亿级别的线下市场，淘宝网区区 20 亿元的零售额相形见绌。但从另外一个角度来看，这也意味着线上花卉零售尚在起步阶段，有巨大的上升空间。

就以淘宝为例，相关数据显示，目前淘宝网上花卉类目每天的成交额为 601 万元，卖家超过 8 万家，与花卉有关的商品数超过 750 万件。其中，花卉类目日成交额在 2011 年时不到 400 万元，2012 年时不到 500 万元。无论是独立花卉平台的鲜花服务，还是 8 万家左右淘宝店铺的零售，大家都在关注着如何将绿植鲜花更好地电商化的话题。

小而精产品走俏

谈及花卉电商，首先绕不开的是产品问题。类似"庭院植物"这样的大件花卉产品目前在淘宝上的平均客单价已经达到 400 元，发展前景虽被看好，但是大件花卉植物运输难、成本高，目前还很难成为花卉电商的主力产品。相比之下，买家更愿意在线上购买小型绿植，而各类小型绿植中，又以多肉植物为主要热销产品。数据显示，"多肉"已经成为 2014 年的第一热搜关键词。

事实上，多肉植物的成功，从侧面折射出花卉电商当下的特征：产品容易损耗和变质，对物流条件要求很高，很难跨地域、长距离、长时间运输。而多肉植物畅销的其中一个原因，便是相对于玫瑰和百合等常见鲜花而言，物流配送更容易。只需使用纸、网袋和包装盒，多肉植物就可以在无土的情况下打包发货。加之多肉植物本身体积较小，不会损坏外包装，因此，稍许掌握技巧，就可以确保植物在运输过程中的完整。与此同时，多肉植物通常耐旱，能承受在无水环境中长途运输，因而即使运输周期达到十多天，在重新种植打理之后大多仍能正常生长。

从消费者角度来看，淘宝网上喜欢这个类目的消费者多为 18～34 岁的年轻人。这个年轻的群体专业人士不多，且更图方便，而大部分开花植物对种植技术要求较高，明显不是上选。

相对而言，以多肉植物、风信子为代表的一些小型植物容易成活及生长，适合摆放在办公桌或阳台等场所，同时也可以作为馈赠礼品，因此受到追捧。

的确，产品"小而精"的特点在很大程度上解决了花卉电商天然会遇到的麻烦。广州从化小盆栽协会会长鲜于运全认为："盆栽一定要适合物流包装、摆放，从这一点我们知道未来的发展趋势，一定是小型化。"但是，因为不够专业化，所以小盆栽的生产门槛很低，很容易复制。"因为门槛低，生产易大起大落。"

物流配送是硬伤

物流配送对于花卉产业来说，为何这么难？

首先，花卉形状各异、大小不同，还没有一个统一的配送标准；其次，花卉的保鲜、检疫也同样面临着难题。

目前小型花卉绿植可以通过快递配送到较大的范围,但对快递要求也比较高,配送快、不野蛮对待包裹等都是这类产品运输过程中的"标配"。而对大型花卉绿植,大部分卖家的配送范围限制在同城:一来大型盆栽用快递配送易破损;二来运费成本太高;三来植物易枯萎死亡,容易造成不必要的纠纷。

多年以来,长途运输一直是花卉企业不敢轻易触碰的领域。即使有企业开创先河,实现了长途运输,但是花卉在售后阶段同样存在难题。

以云南花卉产业为例,云南花卉产业近年来发展迅猛,产业规模不断扩大,但花卉物流,尤其是花卉航空物流,却在一定程度上影响了云南花卉产业的发展。据悉,云南95%的鲜花都通过航空进行运输,但一方面航空运能不够,另一方面云南花卉物流企业不上规模且较为分散,使得物流成为阻挠云南花卉产业进一步发展的硬伤。若要改变当地的花卉物流现状,就必须搭建从种植基地到消费者的整个物流体系,规划冷链及采后配送处理区,建立包括熏蒸区、冷藏区、分拣包装区、临时仓储区在内,集植物检疫、海关、税务、航空、货代等为一体的"一站式"服务平台。从技术层面讲,这样的物流体系建设需要提升到行业乃至政府行为层面。

多方位探索进行时

花卉产业的电商之路势在必行,但是也困难重重。如何打破"小而精"产品主导市场的现状,推动花卉行业"大而全"的线上销售,成为花卉企业必须思考的问题。目前,有些企业已经开始在做这个方面的探索。

成立于2007年的爱尚鲜花很早就着手搭建鲜花B2C平台,洞悉到鲜花行业最大的问题是物流配送,而传统物流又难以做到高标准的保鲜,这家公司干脆直接绕过了物流硬伤。

"我们走的是O2O模式,也就是线上结合线下销售。"爱尚鲜花常务副总湛广表示："我们在全国各地有1万多个合作的花店,顾客在网上看到我们的商品信息后,可以在当地的合作企业提货,这样我们就不用面对物流的问题了。"

事实上,这家企业的做法的确颇有特色,先通过网上平台零售拿订单,再通过自己开发的一个B2B(Business to Business,商对商的电子商务形式)的平台把订单转给线下的花店。这样既能省掉物流配送环节,也能给实体花店带去订单。据其负责人介绍,其网点覆盖全国,99％的订单都能完成配送。除此之外,淘宝上的一些花卉卖家也能通过其平台实现鲜花配送。"因为我们现在线下的网点已经铺好了,有1万多家花店跟我们合作,淘宝卖家收到订单后可以转单给我们,一般3个小时内都可以完成配送。"湛广解释。

湛广的鲜花生意绕过了物流硬伤,但是对于众多花卉企业来说,未必通用。花卉企业的重心在于产品,而爱尚鲜花的核心在于渠道,其甚至可以在抛开物流的同时抛开产品。

对于花卉电商的未来,花捷送物流总经理汪钧则有一个更为大胆的设想。"我们自建物流配送链,专门运输花卉。"从事8年花卉物流工作的汪钧表示,如果花卉企业能够团结起来,提出行业标准,就有希望自建配送链,推出专用的花卉配送服务,把目前巨大的运输费用大大降低。另一方面,如果花卉行业可以无限向标准化靠近,运输起来损失会非常小,产品的质量和包装也将会得到很大的改善,甚至可以大大满足顾客的个性化需求。

除此之外,其实花卉电商也不乏以营销为主导的例子。一些从业者主要通过微博、微信、豆瓣进行营销,一方面,可以传授花卉知识,吸引花卉爱好者,积累粉丝;另一方面,这样的社交平台也可以被打造成互动平台,交流种植心得、举办花友聚会,进而促成线上交易。

从花卉行业的现状来看,还没有出现一批具有强大实力、能够提供全品种花卉产品的企业。单点突破是大家不约而同的选择,并且在彼此的基础上相互借力:传统花卉企业借助线上平台销售产品;平台商进一步整合渠道,打通线上线下;淘宝小卖家两边讨好,进货转手卖出,享受渠道红利。而随着产品的不断丰富,未来必定是具备供应链管控能力的花卉卖家更占优势。但是专业化花卉物流的成型尚待时日,这意味着,花卉卖家在电商供应链的整合以及运营、团队等方面需多加努力,于花卉电商"投石问路"的今天预先修炼好内功。

传统品牌与O2O：
洗牌加速

苏宁 O2O 历险记

文 | 电商老兵斗牛士

2014 年 3 月 1 日,苏宁发表的业绩快报显示:该公司 2013 年总营收约为 1054.3 亿元人民币,同比增长 7.19%;营业利润为 1.61 亿元人民币,同比下降 94.65%。其中,2013 年线上业务,即电商的营收为 218.9 亿元,苏宁线上业务第四季度营收为 57.18 亿元,仅比第三季度的 55.59 亿元微增 2.9%。再看其老对手国美的数据,2014 年 3 月 20 日国美发布的财报显示,2013 年国美上市公司实现销售收入约人民币 564.01 亿元,同比增长 10.4%,集团综合毛利率回归 18.4% 的高水平,超过行业平均水平。

对比两家财报,苏宁的表现不禁令人唏嘘,作为传统零售业电商转型的先锋,何以遭遇滑铁卢?这背后隐含的内因值得所有传统行业在电商转型时反思,因为苏宁的电商之路体现出来的问题,也是传统行业电商转型的集体困局。

电商是新的销售通路。今天很多传统企业在做电商时,往往把电商当成自己清理库存、降低成本的货场,而高级一点的做法则是把电商当成新的销售通路。殊不知,电商的本质是商务的互联网化。如果我们把时间线拉回,以 2000 年为起点,就会发现伴随着互联网经济从边缘走向中心,消费者的消费习惯被重新结构,消费角色从工业时代的被动影响者变成决策者,对于产品的品质要求更加严苛,对价格更加敏感,这是消费意识觉醒的

75

表现。其带来的结果是倒逼传统行业必须进行从生产到销售的全流程供应链升级，将以消费者为中心的商业理念注入到自己的商业体系中，这也正是做电商的真正价值所在。

拿线下资源当令箭。传统企业做电商常常将自己在线下渠道很强大、有多少资源挂在嘴边。举个例子，随着O2O的火热，有个做3C数码的企业老总也说要做O2O电商平台。当被问及优势在哪里时，对方答曰在全国有3000家3C店铺合作商，可以将线下客流导入线上。这就是非常典型的传统企业做电商的思维。为什么鲜有传统企业做电商转型成功的先例？为什么国内的主要电商平台都是新兴的互联网公司？

如果电商是嫁接在原来传统业务之上的分支，那它身上流淌的永远都是传统企业的血液，也就不能指望它能结出不一样的果实。传统企业在线下经营的优势是空间、品牌、供应链和产业链、店面数量等，但到了互联网，玩法却完全不一样了，没有空间概念，经营的是互联网客户的时间，即如何让客户愿意在你的电商平台上花时间。在互联网，你原来的优势其实未必是优势，如果还抱残守缺，用传统企业线下的那一套玩法，就基本上注定电商之路曲折艰难。

传统企业做电商不是应该优先考虑自己有什么，而是自己没有什么，市场需要什么，消费者需要什么。

热衷口号式的运动。做电商需要进行一次自我革命，然而革命不是喊口号。苏宁的孙为民说："电商业务不做等死，做了是找死。"但说与做是两回事。苏宁2012年年初搞了轰轰烈烈的"去电器化"口号，改名为"苏宁云商"，不仅举行了誓师大会，还制造了线上线下同价、O2O等诸多营销概念，今天我们已经再也没见苏宁宣传这些了。此外，苏宁易购网站也开始进行战术收缩，在版面上更加聚焦于自己所擅长的3C和母婴领域。

"做电商就是做流量"一直以来都被电商从业者奉为金科玉律。流量对于电商的价值不言而喻，但比流量更重要的是流量的变现能力。这里面其实有几项关键指标：一是流量的成本和转化率，即多少流量能换来一个客户；二是客单价，即每个客户的单客额是多少；三是复购率，即客户多久来购买一次。这些指标考验的是一个团队的电商运营水平，很多传统企业做电商亏损的原因就在于忽视了这几个关键指标。无论做自由电商还是借力第三方平台，流量的成本逐年上升是大趋势，所以传统企业在做电商时更应该关注后面两项指标。

丝芙兰，全渠道找到消费者

文｜曹旸旸

对品牌商而言，渠道多了并不是去割裂消费群体，而是聚拢这些用户，让其无论是在线上还是线下都逃不出品牌的手掌心。

以前消费者获取品牌或产品信息是通过电视、杂志，现在在互联网的驱动下，消费者获取信息的媒介发生了翻天覆地的变化，这也导致了品牌传播信息的媒介需要更加多样化。

在国内，电商圈会把这种覆盖线上线下的传播运营方式称为 O2O，但在国际品牌或是营销界，并不会用 O2O 这个概念，更多的是"全渠道"或"多渠道"。因为对品牌商而言，无论是传统的线下门店，或是互联网、移动互联网等传播渠道，都是传播内容和产品信息的"渠道"，并不会存在差异性。

目前，美国波士顿一家市场调研公司对 71 家时尚奢侈品品牌和当地消费者做了一次市场调研，分析各品牌的全渠道营销效果，其中，丝芙兰脱颖而出。通过个案分析可以发现，丝芙兰的精妙之处在于，会对各渠道的特征进行改良，比如：在线下摆设更具互动性的数字产品，提升用户体验；在互联网传播渠道中，利用社交媒体属性加强内容传播的趣味性等。且一个显著的特征是，丝芙兰在所有的渠道中传播的商品信息和促销信息都是一致的，这就做到了"全渠道营销"的统一性。对其来说，渠道多了，并不会割裂消费群体，而是聚拢这些用户，让其无论是在线上还是线下都逃不出品牌的手掌心。

实体店的新奇体验

对于丝芙兰的全渠道运营进行分析，可以从实体店的数字化互动改造、线上传播的社交网站管理以及销售渠道和会员体系的线上线下打通等几方面阐述。

丝芙兰美国曼哈顿的店铺使用了一套基于数据分析的壁挂式智能设备。该设备设有 Color IQ（色彩分析）、Skincare IQ（肤质分析）以及 Fragrance IQ（香味分析）三个维度的数据库。消费者根据界面指导，测试出自己的肤色、肤质以及适合的香水，进而获得适合使用的产品的推荐。

众所周知，丝芙兰的美妆产品以护肤品、彩妆、香氛为主，而消费者在选购美妆产品时咨询最多的就是自己属于何种肤色、肤质，适合哪个品牌的哪个系列，或者是需要出席某个场合应该选择哪款香水。该套智能设备的推出相当于将所有美妆产品的导购信息全部集中在一起，消费者可以通过自助的方式来选购商品，整个选购过程极其新鲜有趣。

除此之外，丝芙兰还推出了一款增强现实感的试装"魔镜"，可以实时展示化妆品在顾客脸上的 3D 效果。该技术可捕捉顾客的面部特征，顾客只需点击屏幕上的眼影颜色，摄像头就能通过"视频流"将眼影"涂抹"在顾客眼部的准确位置，顾客转动头部就能从不同角度观察上妆的效果，不仅完全省却了顾客试妆的麻烦，也帮助化妆品零售商节省了准备小样和化妆工具的费用。

这些新奇的智能设备目前只有在美国的几家新装修的门店内使用。当然，丝芙兰称，如果用户反响强烈，将会逐步将该设备推广到全球市场，而且还会扩充虚拟试妆的产品线，从眼影试用扩展到腮红、口红等的试用。

其实这些智能设备的使用都是为了提升用户在店内的互动体验，一方面节省了导购员对于一些常规咨询问题的解答，另一方面为用户提供了一个充满趣味的购物过程。如此，导购员也可以将更多的精力放在一些私人的美妆课程、护肤课堂等服务上。

社交传播包围用户

很多商家在面对互联网、运营电商的时候，将其作为一个区隔化的销售渠道来对待，会针对网购的消费特性对商品进行一些调整。但丝芙兰并没有这么做，所有商品信息以及打折促销活动等，都是线上线下同步，没有所谓的"渠道歧视"，会员系统也是打通的。当然，这或许与国外消费者的消费习惯有关。

而另一方面，丝芙兰在面对互联网这一渠道的时候，更加注重其信息传播以及消费者互动的效果。

丝芙兰在全球范围内有自己的论坛，用户可以在上面交流使用经验和心得，互相推荐产品。今年，丝芙兰依靠庞大的消费群体，更是推出了自己的社交平台 Beauty Board。用户可以在平台上传自己的照片，并标记出自己使用的产品，产品会直接链接到品牌电商平台上，完成从社区平台到商务平台的对接。而在图片上标记品牌的功能是借鉴了当下热门的图片社交媒体 Nice。

除此之外，丝芙兰在全球各大社交网站的活跃度也非常高，并且具有社交渠道全覆盖的能力。在全球范围，覆盖了 Facebook、Pinterest、Twitter、Instagram、Youtube 和 Google＋。在中国市场，丝芙兰的官方微博拥有 75 万粉丝，主要内容涉及产品介绍和促销介绍；在微信公众号中，有品牌活动、爱美攻略（主要是进行美妆教学）和丝芙兰电商平台以及 App 下载的地址链接。因此，品牌非常注重推广和跨渠道消费的整合，尤其是电商平台和移动电子商务的结合。

多渠道的体验延伸

随着商业形态的演变，未来传统零售和电商的界限将越来越模糊，移动端作为连接两者之间的桥梁，也被广泛应用。就 App 而言，丝芙兰更注重其在服务体验上的延伸。

对其 App 的功能进行拆解，除简单的移动购物外，更多体现在如何完善用户在线下或者线上的购物体验上，对服务进行延伸。比如，在线下购物，可以对货品的商品信息、库存量、相似推荐等进行查询。假设店内没有现货，那么也可以在 App 上支付后，等待丝芙兰 3 天后送货上门。而假如用户许久未到店消费了，App 也有一个类似商品推荐的功能"丝芙兰化妆包"，根据用户信息，为其推荐产品组合，刺激其到线下购物或在线消费。

其实，从这个案例中，我们可以发现，全渠道运营最重要的是做好各渠道之间功能的转化和互动。丝芙兰的全渠道涉及实体店、电商平台、社交网络（自有社交和网络平台）、App，这几个渠道在一些功能上是可以跨越的。如用户可以从社交网站跳到电商平台，或者从 App 上获取实体店内的商品信息，在论坛上获得美妆培训的信息，也可以到实体店享受。店内有促销信息，移动端、电商平台等也会同步。也就是说，在全渠道的运营中，丝芙兰所有传递的信息和内容都做到了一致。因为对于用户而言，其获取品牌信息的渠道越来越多样化，但很多用户不可能各个渠道都用，一般只是习惯性地选择一两个渠道获取信息，因此品牌商必须将全渠道的信息统一，才能实现全面覆盖的效果。而最终，这些信息的导向都是让用户在店内或在线消费。

Lacoste，国际大牌的 O2O 样本

文 | 柴娃娃

Lacoste 在中国成立了单独的电商部门，分管线上业务，再将客服、客户关系管理、仓储物流等相关环节拆分给各领域的外包公司。这种拆分外包模式成为国际品牌打入中国市场的主流方式之一。

2014 年，国际一线品牌 Burberry 正式入驻天猫平台，并宣称其官网和天猫旗舰店是中国在线购买 Burberry 正品的唯一渠道。其实，这种品牌官网与天猫旗舰店商品同步的运营策略，早在此前就有品牌尝试，如法国时尚品牌 Lacoste。

2013 年 6 月，Lacoste 中国官网上线，并在天猫开设旗舰店，同样采取两个渠道与线下产品同步的策略。虽也有一些过季产品在线上销售，但只放在聚划算、聚名品和唯品会。如此一来，各线上渠道的定位有了明显的区分，不至于乱了阵脚。从目前的销售数据看，品牌线上销售较为乐观，平均每月在四五百万元左右。且随着线上销量的增长，品牌方也有意深挖国内市场的电商份额。

据 Lacoste 中国电商负责人何勇介绍，公司在中国成立了单独的电商部门，分管线上业务，再将客服、客户关系管理、仓储物流等相关环节拆分给各领域内的外包公司负责。这种拆分外包模式与优衣库类似，但与耐克、GAP 等全盘交给一家代运营公司的模式有所区别。显然，这两种运营模式已经成为国际品牌打入中国电商市场的主流方式。

全球在线零售占比 3%

在了解 Lacoste 的中国电商运营前，先来温习下品牌的近期动态和背景资料。在全球，Lacoste 电商运营较成熟的是美国和欧洲市场，而在这些区域也主要以品牌官网销售的模式进行。为结合线下门店的优势，在某些零售店还设有可连到官网的自助服务终端设备，顾客可以浏览全部的产品。如此，即使某些货品在零售店找不到也可以在网店找到，让顾客可以实时和店员沟通、咨询或订购。在线上系统，无论用户是在浏览官网还是网上商店，品牌会收集用户在线浏览数据，再加以分析，尽量为用户提供个人化的体验。

据介绍，目前 Lacoste 的销售 22% 来自美国，法国 10%，亚洲地区 21%，拉丁美洲则是 11%，其余的来自法国以外的欧洲地区。其中，亚太地区增长迅速，紧随美国之后，潜力无穷。产品方面，Lacoste 想尽办法开拓女装和童装市场，投入也很多，但男士服装还是占了 75% 的销售额，女装只占 20%，童装仅占了 5%。未来，Lacoste 会专注男装，希望通过这些男性顾客的体验，影响到他们身边的女士、家人。

以 2012 年的销售分布来看，线下零售门店的销售额近 46 亿欧元，占整体销售额的 70%。所有在零售店的改革，包括引进新的橱窗展示概念、改善线上线下的整合和体验等，都有助于提升业绩。网上销售暂时只占整体收益的 3%，对于 Lacoste，任何创新和尝试都可以大胆一点。于是，Lacoste 开发了新的产品线——一个专注于年轻人运动服装的品牌 Lacoste live——当然，其销售方式也会更加注重电商渠道。Lacoste 已推出全新的全球旗舰网站，消费者可以在上面搜索和浏览所有的产品，体验也会更加个人信息化。

多渠道布局，货品区分

Lacoste 国外的线上销售刚起步，国内又如何呢？这次我们访问了品牌国内电商负责人何勇。

据介绍，Lacoste 在美国和欧洲的策略以官网为主，没有入驻平台的概念，主要以品牌运营为主。在中国，除官网外，还有天猫、唯品会，未来还会考虑京东、腾讯等多个电商渠道。目前，美国的官网是全球销量最好的渠道。2013 年 6 月，Lacoste 开始布局中国电商渠道，天猫旗舰店于 2013 年 6 月 17 日上线，比品牌官方网站早一个月。

何勇提到，之所以会选择官网与天猫旗舰店同步开展，是因为目前中国的网购消费水平已经有所提升，高购买力的消费者比较成熟。特别是天猫等平台今年来开展的一些国际品牌引进策略，已经培养了一批有较高购买力的网购人群。目前，品牌天猫旗舰店的客单价在 800 元左右，官网略高一些，因为折扣会比较少。2014 年 1 月，Lacoste 天猫旗舰店的销量为 500 多万元，2 月为 300 万元，平均每月的销售在四五百万元左右。

在营销推广上，2013 年 10 月，Lacoste 做了首次大规模推广，参加天猫"今日最大牌"活动，结合品牌 80 周年的主题，进行新品首发。一天推了 20 款不到的产品，销售额接近 30 万元。这也证明了国内市场的购买力和品牌的号召力。

在货品规划上，Lacoste 没有单纯地将网上渠道当作倾销库存的通道，而是与线下保持同步，官网和旗舰店的产品都是当季货品，库存只在一些定位比较明显的促销渠道销售，比如聚划算的聚名品或者唯品会。而即使是促销渠道，Lacoste 所选择的产品也是当季款，不会出现夏天卖冬装的情况。比如天猫和官网销售的是 2014 年的款式，其他平台（聚划算的聚名品、唯品会等）是 2012 年或者 2013 年的应季款。

在销售情况上，天猫的销量比官网的大，因此，品牌也会有针对性地在天猫投放一些限量款。何勇介绍，这部分产品是品牌对线上用户需求和喜好进行的测试，往后还会加大这部分限量款的设计和开发力度。

Lacoste 在中国市场的做法是聪明的，因为国内各种平台已经形成规模，各自拥有不同的顾客群，这为品牌短期内打开局面、增加销售额提供了最好途径。不过，也由于这些平台的标准化，无法让这类时尚高端品牌有效传递自己独有的体验，容易令品牌在发展业务时倾向将网上销售只考虑成销售渠道的一环，而排除掉其他的可能性。另外，一旦对这些平台形成依赖，等于将品牌网上销售这块最有增长潜力且攸关生死的生意交给第三方，不利于品牌的长远发展。其实，比较可取的做法是可以尝试将这些平台的流量（便宜又可以针对目标顾客）部分吸引到官网，通过活动、奖励计划、限定销售等策略吸收会员，尽量发挥官方网店在社会化客户关系管理的作用，作为全方位零售渠道策略的延伸，为长期的网上销售铺路。

未来加重移动端

据何勇介绍，因 Lacoste 在中国电商领域仍在试水阶段，因此第一年没有很高的销售考核目标，主要是稳定运营能力，将线上和线下的产品发布做到同步，突出品牌形象，同时也是借由互联网的传播平台让更多的消费者了解品牌。第二年则会有一定的销售目标，运营策略上仍以多平台销售为主，构建出不同平台的消费者特性。到了第三年，就已经不存在线上和线下之分，无论是线上还是线下都只是一个销售通道，产品以及品牌定位都将保持一致。

这方面欧洲市场做得比较成熟，因为那边的网购市场比较成熟。比如从手机设备访问，到网上订购，再到店铺取货，等等。

目前 Lacoste 国内移动端的销量占 27％～28％，主要来自天猫手机端。

目前计划加大移动端的投入，把手机端的产品更新和功能更新做得更快一些，让移动端的产品和 PC 端的有所不同，比如计划在移动端开展新品推广计划。Lacoste live 走的是年轻人的路线，价格相对也比主品牌便宜 27％～30％，因此会多尝试利用移动端推广。此外，新的尝试还包括移动端和 O2O 的结合，将在线的会员与零售店的会员进行打通，让在线的会员能到线下零售店进行体验和购买。如发送会员邀请函，参加比较特别的活动，等等。目前，在线每天的老客户重复购买率占比是 27％～28％，同层级的商家只有 17％，表现不俗。

　　未来，线上和线下的分界只会越来越模糊，大趋势是以"满足顾客需求"为中心发展业务。因此，用户数据管理和分析是非常重要的一环。只有对目标顾客的需求有足够的了解，才有可能提升销售效益。以 Urban Outfitters 为例，自从网上销售开始增长，他们的管理层开始转变观念，将公司定位为电商，而不只是一家拥有网店的传统品牌零售集团，脑子里想的是"获取更多的订单量"，而不是如何利用网店清库存。从 Lacoste 的发展路线看来，目标清晰，方向正确，加上国内市场的策略运用得宜，未来将有所作为。

步步高，线上商超"新兵"的崛起

文｜范越

线上商超，入局者众。2012 年沃尔玛对一号店的收购意味着国际零售巨头的触角也在伸向电商领域。对于一号店来说，利用沃尔玛在中国 140 多个城市近 400 家的线下门店拓展范围，缩短了消费者和平台的距离，使得整个供应链的运转率更高。京东的"万家便利店"计划也是借助线下门店让电商落地。

本身拥有线下基础的传统零售商梦想着在线上杀出一片疆土，却不得不面对供应链的打通和提速、线上线下利益分配，甚至 IT 系统和电商人才的稀缺等"拦路虎"。

在这场艰难的恶战里，有个表现不错的"新兵"——步步高。步步高发源于湖南本土，从 1995 年创立至今，先后涉足超市、百货、电器、餐饮甚至大型商业地产等业态，董事长王填曾公开表示"不会涉足线上"，却在 2013 年年底开始组建电商团队，并以本地化作为切入点布局线上。在整个传统零售业进军线上都尚且没有模板可以复制的情况下，他们希望借助区域化、全渠道布局，实现线上与线下的"通气"。

做个本地"和尚"

步步高时常会面对这样的疑问：跟天猫、一号店等大型线上商超平台以及沃尔玛这样的传统巨头相比，自己有没有胜出把握？

"基于本地化的商品，步步高在选品过程中会针对目前的定位做出调整和尝试。"步步高电商负责人李锡春介绍说，步步高电商目前主营的产品分别是食品、日用消费品及数码家电等，首页横向二级分类也只有"全球美食"、"电器城"和"团购"。选择经营更"窄"的品类，首先是出于本地化的考虑，他们会通过调研的方式获取当地百姓的消费偏好，以"超市商品"作为电商一期试水的主流品类，也可以与其他平台等形成差异化竞争——天猫上可以买到的珠宝首饰甚至汽车、一号店涉足的医疗器械等，都是步步高暂时不会考虑的品类。

区域零售商在与全品类的电商平台的竞争中，从选品开始就应有所取舍。基于对当地消费者消费习惯的洞察和对市场的深入了解，步步高首期选品只有 1 万个左右的 SKU，其中有 2/3 与步步高实体门店商品保持一致，其余主要是电商特色商品或者为聚焦中高端客户而选择的产品，进口食品就是典型代表。

事实上，即便是天猫、一号店等电商平台，在各个地区的发展也存在不平衡的现象。步步高也意识到这一点，并且认为某种程度上这是可以利用的切入点。步步高在选品上一直本着这样的原则，哪些商品在本地做更有优势，就会优先选择。所以接下来，生鲜将作为步步高大力发展的品类。跟柴米油盐一样，这类商品都比较重，具有远距离运输成本高的特性，而生鲜商品对时效性的要求更加苛刻，而这就是本地化的机会，目前很多全国配送的生鲜电商也只能覆盖到部分区域。

选品贴合当地百姓需求，在价格上，也因为背靠整个集团整合供应商的能力，可以拥有更多竞争优势。原因在于集团的采购中心作为下属各个行业的采购中心，全形态的集团跟品牌供应商去谈自然能够获得更大的价格空间，这样的价格与一些主流的电商 B2C 平台相比依然有竞争力。

当然，这只是选品试水的第一阶段，2014 年年底，步步高商城的 SKU 扩展到 10 万个，而 3 年后这个数字将再翻 10 倍。不仅是生鲜，步步高商城还会引入服饰品牌美采百货和家居品牌家什居。在品类扩张过程中，本地化特色也将保留，入驻品牌多为自有品牌，并且自有商品比例不会低于 10%。

接门店地气

对于电商平台来说，绕不开两个问题，即商品和物流。

沃尔玛超市在线上线下融合的过程中，一直奉行"网上订购＋门店取货"模式。该服务推出仅 4 个月，这部分销售额就占到沃尔玛在线销售额的 1/3。随后，沃尔玛还对物流效率进行了升级，将门店产品管理系统与电商打通，推出"今日到达"（Pick Up Today）业务。

这个案例对于有广泛线下门店基础的步步高来说，起到了促进作用。然而，从次日达到半日达，再到 4 小时达和 1 小时达，表面上拼的是用户体验，实际上是对后端供应链的严苛考验。目前，步步高已经在长沙和湘潭市自建了物流中心和 70 人左右的配送团队，使用自建物流可以做到半日达，而其他城市则使用顺丰快递，能够保证次日达的时效。

另外，从选品开始，步步高就有意识促使整条供应链更加高效地运转。出于超市面积等因素的考虑，即便是线下的大卖场，品类也不尽相同，但为了实现以门店为中心发货的设想，前期电商会选择各个超市门店共有的一些基本品类，这样用户在线下单后可以选择附近的门店自提或者该门店直接发货，并以门店为中心实现 3 千米范围内 1 小时送达。

这个模式看似简单，背后却要经历一套复杂的库存、物流、信息运转流程。"网上下单＋仓库发货＋超市自提点提货"的模式是最早开始应用的。客户从网上订购商品并提交支付后，就近选择实体超市自提点；然后由电商仓库发货，随门店配送车辆捎带，送到超市工作台，同时发送订单出库短信给客户，提示其到实体超市进行提货；客户凭短信密码到超市提货，购物即完成。

"1小时达"实际上是满足"网上下单＋实体店打包＋实体店送货"的模式。客户在线下单并支付后，可以选择门店提货或者送货上门，如果订单内包含非超市经营的商品会自动转交给物流中心处理，反之则交给门店处理；随后，订单传输给门店客户端，门店拣货员即开始根据订单拣货，如发现缺货断货，可使用客户端反馈给系统，由客服致电客户确认有货先出、修改订单还是取消订单，得到客户确认后即可按照需求操作；订单商品打包后，门店确认订单包装完成，并由门店配送员就近送货上门，最后进行网络支付资金分账。

最大限度利用门店的优势，让步步高在传统零售商的转型中拥有更多砝码。旗下的汇米巴便利店由于接近社区的地缘性，也在集团转型中承担重要角色。其作为网上商场的配送中转站，完成最后一千米配送，从而有效节约电商配送成本，向社区服务集合中心转型，并成为步步高所有商品的展示销售中心。

目前，步步高的全业态实体门店覆盖到全国8个省，主要分布在中部和西南地区，而集团电商的发展很大程度上依赖实体零售的版图扩张，两者相辅相成。"有些地方实体零售暂时过不去，电商也可以打头阵，现在第一期先从湖南做起，梳理出一个模式来，摸清楚什么样的模式适合何种作业方式，供以后复制参考。"

而在未来，步步高与其他平台的竞争关系也将有所改变，不仅线下的门店可以为电商平台提供自提服务，而且"若未来天猫、一号店等在湖南建仓，我们也不排除为其提供仓储服务"。

转化和拦截流量

"现在消费者已经习惯在网上购物，你不去转化他，他也会被其他电商平台转化走。"

实际上这也是目前步步高转型过程中面临的一个很大的问题，由于起步较晚，网购的客户已经有了自己惯用的渠道，要转化这部分人群成本不小，加上基于区域化定位、整体市场容量有限，成熟程度也不及一、二线城市。而消费总量上不去就会影响优质商家的入驻，这是一个循环。

所以从商品层面，集团正在通过线上和线下协同与销售源头、品牌商完成对接，而生鲜农产品则要跟基地建立合作。

除了商品和物流，会员的深层次挖掘也是步步高一直在努力的方向。目前，集团已经拥有 700 万的线下会员，如何将这部分会员拉到线上，是电商团队一直在思考的问题。在步步高商城上线初期，他们联合线下做了一些互通活动，例如消费者只要在线下购物满 100 元就可以获赠线上商城的消费券，收银台旁边的电商部门工作人员可协助会员在现场完成注册，由此在两周时间内就积累了 30 万线上会员。

而对于已经拥有较多稳定注册会员的其他电商平台，步步高也紧盯这些平台的活动。例如针对京东推出的"京东恋上奶茶"活动，步步高商城紧随其后打出"奶茶你来泡，折扣我来打"的促销标语。诸如此类具有热度和传播力的文案在步步高的电商进程中，使步步高保持着跟消费者的近距离沟通。

线上线下会员积分的打通共享目前正在推进中，预计近期将完成。系统对接完成后，会员会拥有统一的 ID，积分和各种权益也会绑定，并以此为基础打通外围会员体系。例如与老百姓大药房这样的商家合作，共享会员机制，对合作商家来说可达到引流的目的，并且是有黏性的流量。当然，这种跨业态的合作也会为消费者谋求到更大的福利和价值。

当地的很多企业也需要一个平台来帮助他们补充线上的短板。因而步步高的下一步计划也包括逐步开放平台，进行招商，第一期针对湖南本土，第二期则面向全国。

传统业态上线的过程中，线上跟线下的博弈伴随始终，由此导致的资源内耗也让管理者伤透脑筋。步步高电商在发展初期，采用的是集团补贴的做法，即假如某商品销售额为1000万元，创造了200万元利润，在集团内部考核时实体店和电商都会计入200万元利润。虽然这种"业绩双重考核"只能作为一种短期模式，但在前期必须通过一些手段减少线上和线下的矛盾冲突。

当然，在步步高的进程表里，区域化似乎只是暂时的，在版图扩展的过程中，如何更好地整合自身，完善线上和门店的顺畅对接以及整个库存、IT系统，如何克服起步较晚带来的诸多弊端和限制……还有很多坎等着他们去跨越。

本地生活与O2O：
狂奔最后一公里

地方门户角力 BAT

文│董晶晶

当 BAT（百度、阿里巴巴、腾讯）三巨头正愈发显示出统治中国互联网的野心时，当社交网站逐步被微博、微信占领时，那些曾陪伴我们走过互联网最初岁月的门户论坛，似乎正在被人淡忘。但本地生活概念的盛行，却让他们找到了重燃青春的二次爆发机会。

地方门户网站是其中的典型。最初，它们由个人站长成长起来，依靠着本地化的媒体属性，一步步成长至今，没有大起大落，没有突出性大事件，更没有像互联网其他产品一样拿过动辄几千万的融资。地方门户网站一般分布在三、四线县级城市，在那些上网就等同于聊天灌水的城市氛围中，他们靠着传统的广告收入过着"吃不饱，饿不死"的日子。

本地生活的出现，改变了这种状态，在门户网站上可以团购商品或是分享对某商家的用户体验，更有商家直接在门户上开帖宣传、招揽新客。地方门户网站向本地生活业务的转型，显得如此顺理成章。

难以触及的角落

对于各大团购网站来说，一、二线城市是他们的必争之地，因为相比

三、四线城市，这些城市的线上团购市场更为成熟。而全国一、二线城市将近 40 个，美团、大众点评网等在每个城市设立分站点和销售人员，运营成本进一步扩大。如今，不少团购网站由于自身"造血"不足、融资难，开始显得力不从心，三、四线城市的业务更是成为这些团购平台的"漏网之鱼"。

此时，在本地已经打好"地基"的地方门户网站拓展本地生活业务显得得心应手。模式案例已有，概念又无需普及，蛰伏已久的地方门户网站看到了机会。"因为像美团网、大众点评这些大型团购网站一般只推到一、二线城市，县级市不在他们的战略范围内，但余姚当地市民对团购已经有了认知，市场开始成熟。我们就整合之前积累的社会化资源，趁势在自己擅长的门户论坛上推出本地区的团购频道，从目前来看效果还不错。"余姚生活网首席执行官徐岳告诉记者，地方门户网站开展本地生活业务只是顺水推舟之事。

位于浙江省东部的余姚市是隶属宁波市的三线小城市，当地的常住人口达 100 万。而余姚生活网和旗下的余姚论坛是当地最有影响力的门户网站，目前注册用户达 40 万，日均发帖量 6 万，PV（Page View，页面浏览量）保持在 80 万，UV（Unique Visitor，网站独立访客）在 12 万左右。可以说，除了不会上网的长者和幼儿，几乎人人都会上生活网和论坛关注民生。小小一个地方门户影响着这个城市的千万家庭。

而在余姚生活网开展团购业务之前，本地区的团购市场基本空白。美团网、大众点评等大型团购网站只把业务延伸到余姚的上级城市宁波市，与余姚同属一个级别的慈溪市、上虞市等也遇到类似情况。但随着当地市民对互联网消费的了解，对团购需求越来越大，余姚生活网顺势而为推出本地生活团购网站"姚聚团"，短短几个月拿下整个余姚市的团购市场。目前，该网站每年的利润率高达 30％以上，光团购业务年销售额达 200 万元。

基因优势

宽泛意义上的O2O就是线上订单、线下消费，也就是线上为线下导流量。从这个角度看，地方性门户论坛其实是天生具备了这种基因。20世纪90年代末大量出现的地方性门户论坛关乎民生，都会有类似"同城交换"、"跳蚤市场"、"租房信息"等版块，而这些论坛都要早于后来的分类信息网站、点评类网站和团购类网站。所以说，地方门户论坛分享本地的生活服务资讯，是早期本地生活服务信息最为集中的网络形态，是生活服务市场的重要参与者。

"因为有O2O的基因在，经过十多年的论坛运营，我们更懂本地区的消费习惯和购物行为，所以做团购业务更能贴近消费者，更具竞争力。"徐岳自信地说。

首先，地方门户论坛经过十多年的耕耘发展，对当地消费市场的理解程度更深，如本地区消费者喜好什么样的娱乐方式，对哪种口味的饮食感兴趣，这个都能在以往论坛中反映。而这些消费行为，恰恰是平台型团购电商无法获知的。另外，因为多年的扎根发展，地方门户论坛与当地商户谈合作和后期维护也更易成功和简单。

其次，地方门户论坛营造的社区氛围，从某种意义上来说就是目前各大电商平台在积极倡导的社会化电商氛围。因为在虚拟的论坛中，用户可以轻松交流消费经验、分享消费心得，他们的信任基于真实而没有利益诉求的分享氛围，比诸如淘宝的SNS更具先天优势性。而这些用户信任和口碑相比大型团购平台的地推式广告，获取消费者成本更低。

最后，地方门户论坛关注的是本地区的社会热点和吃喝玩乐，经过多年的用户培养，已形成一定用户黏性。而在网站流量获取越来越贵的今天，地方门户往往能以最低的成本吸引并留住流量，能够更轻松从容地开展O2O相关业务。

不只是吃喝玩乐

很显然，地方门户论坛对 O2O 的理解不只是本地化的吃喝玩乐。

其实对于很多当地网民，新浪微博和淘宝等网站的影响并不及本地区每天都会逛的论坛，而其自身的氛围和社交关系也是地方门户网站最核心的资源，如何去拓展这些资源也是他们未来要思考的方向。吃喝玩乐的常规性团购只是其中一个方向而已。

虽然地方门户网站做团购业务有较大的自身优势，但随着业务的开展，成长的烦恼也开始显现。"目前我们团购频道光一个销售团队就有近 15 人，加上后期的文案和设计，整个团购的部门有近 20 人，这对于一个地方门户网站来说其实有点超负荷，会造成日常的支出成本偏高。因此开始转型做 O2O 的顾问营销，而不是现在的扫大街式营销。"徐岳告诉记者，未来余姚生活网的转型方向是朝着平台化发展，深耕大型刚性服务业。

地方门户论坛有充分的线上线下融合优势，可以让用户在线上对线下商户做点评和监督，由此可让商户根据用户的点评来进行服务质量的调整，或者获取更多的用户反馈信息。全国排名第一的本地门户论坛 19 楼，依靠在杭州当地的影响力，每年都举办婚博会。它将商家和用户聚集在一起，给商家带来用户，获取的利润有上千万元，更成为行业学习和效仿的对象。余姚生活网举办的大型建材团购会，从线上预告发起活动，再到线下集体采购，最后再回到线上点评分享交流，取得了不错的成绩。活动共吸引了近 30 家知名建材商家和 300 多名网友，总成交额达 300 万元，展现了本地门户论坛在当地消费领域的超强引导力和转化率。

在线订票，O2O新市场

文 | 王晶菁

本地生活所涵盖的业务中，除餐饮外，消费者需求最大、消费频次最高的就属玩乐类了。在这些业务中，互联网信息化最快的当属票务类。早在20世纪90年代，就有了电话订票，互联网普及后，又有了在线订票。最初，票务类网站的业务只集中在演出、赛事等门票上。但随着生活水平的提升，人们休闲娱乐的需求也在增长，去电影院看电影成了常规项目，这从国内一路飘红的票房销售就能窥见一斑。

因此，当专做在线选座订购电影票订购业务的格瓦拉为全国贡献了4.6亿元的票房后，美团、淘宝等大平台再也坐不住了，纷纷推出电影票订购业务。但此时，后来者只能以平台的方式与这些供应商合作，或是走团购模式。最先吃肉的还是那些入行早、覆盖全的垂直业务型企业。以格瓦拉为例，其从上海本地院线做起，出票量已占当地院线总票房的1/3。

订票、选座一步到位

2010年1月4日，格瓦拉在上海推行在线选座购票业务。刚好赶上了大片《阿凡达》的上映时期，该片的大手笔制作让票房一路飘红，许多影迷为求一票不惜彻夜排队。此时，在线购票模式缓解了院方的出票压力，也让不少消费者体验到了其便利之处。

虽然当时已有网站提供在线购票服务，但大多使用的是通兑券，即消费者买到的是某电影的场次时间，没有具体的座位牌号，需消费者到影院后根据影院系统的出票信息再选座。从本质上讲，通兑券并没有实现购票的最后一步，即包含场次信息和座位信息的购票凭证，到现场取票入场即可。而格瓦拉推出的在线选座模式，支持消费者自主在网站选择电影场次和具体座位号。购票成功后，用户会收到含有取票号码的短信，到影院后只需到现场终端机前输入购票手机号末四位和取票号码即可，终端机自动打印出票。此流程完全免去了消费者需要提前到影院排队购票的麻烦，打消了去晚了还买不到票的顾虑。

借着电影市场大热的东风，格瓦拉第一年的在线票务销售额便达到了1400万元，也让影院方认可了这种在线选座模式。其创始人张学静介绍，之前他们已经推出过一些影票优惠活动，联合第三方支付的银行或是票房推出部分折扣，但这种方式治标不治本，无法让用户在网站完成最终的交易过程。直到2009年下半年，网站在积累了一定用户、有足够的资金后，才计划介入支付环节，并将购票和选座一步到位。

完成支付环节比较简单，与第三方支付平台打通即可，较花精力的是与院线的选座系统打通。据张学静介绍，目前给全国各大影院开发售票系统的有6家第三方公司，其中又以采用火凤凰系统的居多。因此，公司把主要的对接系统研发放在了该系统上，以主流系统为切入点。在完成这一系统的对接后，再逐渐开发其他系统类型。实现了系统对接后，公司同样选择上海本地的主流院线为入口，与覆盖本地90％以上票房的院线合作，再借由这些院线在其他城市的连锁影院实现同步覆盖。

在城市覆盖上，也根据消费实力和网购的普及性分批次推进，首批区域为北上广深一线城市；其次为长江沿线的二线城市，杭州、成都、武汉、重庆等；再是长三角的三线城市，如苏州、宁波、嘉兴等。2014年，格瓦拉为全国电影业贡献的票房已有 4.6 亿元。100 个看电影的人中，有 40 个使用过格瓦拉平台。

关注用户体验

有市场就有竞争，线上电影票市场同样如此。目前国内提供在线购票业务的公司大致可分为三类：一类是以票务为主的，如格瓦拉、网票网、大麦网等；一类是针对电影行业，以影讯、影评、社交为主，兼做售票的，如时光网、豆瓣；还有一类是平台型，如淘宝网本地生活业务、美团网的电影票团购等。

各平台你来我往之间拼的不是价格就是服务，只要有资金和实力，技术不是问题。当格瓦拉推出在线选座模式后，其他各平台也相继效仿。然而，在票价上想要占取优势也不是件容易的事情。

张学静透露，因要与院线合作，对方不会给你低于平均票价的价格，且格瓦拉的定位非团购型，最终的定价区间高于市面上的最低价格而又低于影院的售价。由此，亦可看出格瓦拉的利润是从用户身上获取，也就是在院方给的最低价格上所增加的费用将由用户承担，而这部分费用平均下来占票价的 5%～8%。

抛开价格，用户选择格瓦拉更多的是从便利性出发，用户体验成了核心要素。除了购票环节外，"到电影院取票→观影→观影结束→走出影院"等系列环节都在要考虑的范围之内。张学静问了记者一个最简单的问题，你能第一时间说出杭州 UME 影院是在西城广场的几楼吗？很多用户只知道影院是在某购物中心或是大厦，但要想几秒才能确定到底是在几楼。因此，格瓦拉在给用户发的短信中会确切包含影院所在的位置和楼层。连短信发送的时间都有讲究，是在影片开始前 3 小时。而在影片开始 2 小时候后，格瓦拉还会给用户发送一条回复影评便可获得积分的信息。因为在观影之后，用户往往会打开手机查阅未接电话和未读信息，或在等朋友上洗手间时有一段碎片时间来认真阅读该短信，获得回复的概率就较高。

据用户信息显示，两次使用格瓦拉的用户达90％以上，有50％的用户购票一星期后会重复购买。追究到细枝末节的用户体验，使得格瓦拉有较高的用户黏度。

基于用户需求的信息整合

格瓦拉现有的渠道平台包括，自有B2C网站、手机客户端，也可与淘宝等平台合作。而与用户的连接，则分为PC端、移动端和终端设备三部分。移动端于2011年9月上线，未来是公司为做好用户体验，开发更多功能的主要载体。相比在PC端的功能主要以购票为主，移动端有更多的互动和引导功能的开发空间。

张学静谈到了其在移动端的设想，最先想到的就是基于影院周边的LBS服务（Location Based Service，基于位置的服务），如告诉用户停车场在哪里，从停车场到影院的路线是怎样的，以及看完电影后，影院周边有何餐厅、咖啡吧或者是KTV娱乐场所等，将影院周边的生活服务类信息整合推荐给用户。未来不排除与这些影院周边商户的合作，共同推送优惠信息，当然所有这些推荐信息都是基于用户观影前到观影后的全过程的需求。在用户数据的获取上，格瓦拉已开始进行收集和梳理，但尚未进行真正的分析和使用，目前着重点还是对用户需求的分析。

在业务拓展方面，格瓦拉也开始向同类型的、为用户提供某一时间段的在线场地租赁服务发展，如与体育馆或运动场地合作，让用户可在线预订羽毛球、游泳池等场地。这项业务已经在上海开始试点运营。在张学静看来，从用户角度出发，羽毛球场地的租赁和看电影都是其在某一时间段的体验需求。因此,在业务拓展上属于同一范畴,所组成的用户需求信息也能打通。

或许不久的将来,想要了解一个年轻男子在周末会选取怎样的休闲活动,看电影还是打球,一周的外出频率是多少,都能从格瓦拉的数据库中总结出规律。

自建 App 求发展，餐厅 O2O 新路

文｜范越

喜爱的餐厅门口下午 4 点半就排起令人绝望的长队，队尾的童鞋只有掏出手机打怪的份；纠结症患者点菜半小时起的痛苦，服务员通常不会懂，心里暗送白眼算对你客气；求优惠有没有更直接、便捷的方法？

以上是大多数消费者去餐厅就餐时的心里独白。由此，一批商家敏锐地嗅到移动互联网的潜在商机，同时为应对滚滚客流、节省人工服务成本、提升服务效率和品质，他们在 App 端口屡有作为并不断完善，动静着实不小。

虽然不及大平台的包罗万象，这批商家自建 App 更善于深耕细作。基于对自身目标消费人群的精准抓取，并通过"订位→点餐→优惠券→叫号查询→自主下单"等一气呵成的消费流程，与原有 CRM 系统对接，有效分析用户行为数据，最终取得双赢战果。

20％以上客源来自 App

辛香汇是上海知名川菜连锁品牌，目前已在上海、南京、苏州、无锡等地开设多家分店。2012 年 10 月，由辛香汇自主研发的移动应用 App 正式

104

上线，经过半年推广运营，据辛香汇推广部总监戚蕾莉介绍，目前平均每个门店都有 20%～30% 的客源来自他们的 App 客户端。"我们的目标群体很明确，熟悉智能手机操作、喜欢尝试新鲜生活方式、喜欢川菜的时尚一族，年龄段倒不是主要考量标准。"戚蕾莉说。

这款 App 究竟有怎样的魔力？

辛香汇同时拥有 iOS 和 Android 系统两个版本的客户端，在功能上没有明显差异。用户下载安装后，首次使用需手机号注册，然后登录主界面，显示"订位"、"点菜"、"叫号查询"、"优惠券"、"订位签到"、"自助下单"、"外卖"、"更多"等 8 个功能模块。

在"订位"模块中，用户可以看到全国任意门店午、晚市餐位剩余情况，剩余餐位根据实际情况随时更新，点击"确认订位"即可成功订位。门店餐位根据用户来源分为 App 用户预留区、电话预订区以及其他途径进店顾客区。随着 App 的火爆，通过移动应用预约进店的顾客越来越多，戚蕾莉说，目前通过 App 预订餐位至少要提前 1 周以上，一些热门商圈附近门店则需要提前 3～4 周，辛香汇正在考虑将各门店 App 客户预留范围进一步扩大。

在"点菜"环节上，用户根据商家提供的分类导航挑选中意菜品的同时，还可欣赏到令人垂涎的菜品图片、简单的菜品介绍以及打折信息，选好菜品加入购物车即可显示应付金额，VIP 用户输入会员号显示折后价格。由于目前版本 App 还不支持在线支付，为降低跑单对店家造成损失，用户需到店扫描桌上的二维码才可完成自助下单，几分钟后服务员就会拿着自动打印的小票请用户确认，此外全程无须呼叫服务人员，完全由用户自主完成。

另外，"叫号查询"的功能也深得人心，即使"不幸"成为排在队尾的童鞋，也不用再死盯着手机，实时更新的门店叫号情况，消费者大可在等待期间从容地逛逛商场、做个美甲而不必担心过号。"优惠券"则主要用于力推人气菜品或打响上市新品，优惠力度比较大，但一般每次消费限用一张。

辛香汇无锡店开业之际，通过自有 App 开放预订，在不到 1 周的时间里，为 App 端预留的餐位全部订满，时间跨度在 1 个月。不少使用过辛香汇在线预订功能的网友反馈说，这款 App 能真正为他们提供便捷的就餐条件，同时"是一种很新颖的体验"。

是时候打通数据了

作为一家翻桌率保持在 4 桌以上的"快时尚"餐厅，辛香汇不仅要在整个服务流程上提高效率和口碑，还要通过利用用户线下消费累积的行为数据分析消费偏好，回过头来反哺线上营销推广，这也是研发推广部门无限憧憬的发力点。

"现有版本还处于初级阶段，只承担最基本的预订功能。"戚蕾莉说，辛香汇预计在 2～3 个月后推出新版 App，但技术研发尚需时日。新版本的客户端将以绑定 VIP 顾客作为试点，根据顾客到店消费情况，逐步建立用户信息数据档案，并有针对性地提供线上推广及线下关怀服务，这是对目前 CRM 会员管理系统的有益补充、完善。届时，线上和线下数据信息将互通有无，共同为商家和用户服务。

此外，辛香汇新版 App 还将借鉴海底捞模式，加入用户互动的区块，利用 App 内提供的分享功能，在类似社区的模块中交流沟通，提供用户与用户之间、用户与商家之间的黏性互动，不排除与微博、微信等账号打通，完成整个消费及分享体验的过程。

在线支付也是多数商家自建 App 亟须解决的用户消费习惯和技术难点问题。银乐迪的淘宝店除了吸引到不少冲着噱头来的潮人，也在不经意间解决了预先在线支付的问题。随着手机支付功能的普及，在线支付的技术层面限制在被逐渐打开，而越来越多的商家开始布局移动互联网，使得一种先线上预付再线下体验商品或服务的新型消费模式逐步形成。如何完成体验前支付的技术建设，并在随后顾客一系列的体验环节上保持高效，完成整个闭环，是辛香汇以及这一批商家需要考虑和解决的问题。

前赴后继的"食螃蟹者"

在进行线上架构本地生活探索的传统商家中，辛香汇并不是独步天下。"体验大军"中，活得很好的有之，鸡肋者有之，默默死去的亦有之。尽管商家自建 App，会陷入技术人员缺失、资金不足、线下培训不到位、传统运营思维禁锢等诸多困境，但在这个领域的探索却一直没有停止，甚至步伐越走越大。

海底捞作为餐饮服务行业的模板，在 O2O 领域的探索早已开始。推出移动应用 App 同样是在 2012 年，为用户提供完整的点餐预订服务以及推送店内最新优惠信息，并通过消费者在 App 中分享消费体验而形成社交互动，在理顺消费流程、品牌口碑传播、增强用户黏性等方面功不可没。俏江南 App 可提前预订座位，内置的电子菜谱可以直接点菜并通过手机支付，但是其缺少会员申请和服务功能，在用户数据积累方面显得不够有远见。一茶一坐的 App，创造性地提出向三星级主厨学习料理的"茶粉"专享，线上互动与线下体验的完美结合羡煞旁人。

除却传统餐饮商家对上线道路的密集探索，一些与本地生活息息相关的行业也步调紧跟。银泰百货全场铺设免费 Wi-Fi，用户登录后会推荐下载银泰手机客户端，对各种即时优惠一目了然，此外还可查看银泰内实体店铺促销信息。业内普遍认为，这是传统行业融合线上线下资源的积极实践。

"我们不是最早吃螃蟹的人，但是会一直努力将这只螃蟹吃好。"戚蕾莉对未来的移动互联网经济相当看好，随着智能手机持有率进一步攀升，PC 端在娱乐生活方面的功能将越来越弱化，"工作在 PC，生活在 App"的主张更像是本地生活服务爆发的一支强心剂。

　　基于本地生活服务的商家自建 App，用科技手段和本地生活数据抢占线上入口，同时把线下消费群体导入电商，在未来应更注重通过客户端建立会员体系；开发基于地图的 LBS 定位，让消费者快速找到附近商家；打通社交网络，建立更便捷高效的口碑传播渠道。

便利店，社区 O2O 的核心入口

文 | 王骏

距离沃尔玛宣布关闭其盐城、重庆等地的大型卖场，而将小型便利门店数量增加一倍没几天，京东于 2014 年 3 月 17 日高调宣布将与全国 15 个城市的约 1 万家便利店展开合作，正式涉足社区 O2O。

早在 2011 年年末，国内一些便利店就悄然推出代收代寄快递的便民服务。到了 2013 年，B2C 电商平台亚马逊和全家便利店也在上海推出包裹自提项目。顺丰也表示将在全国开出 3 万家连锁便利店。支付宝更携手 7-11 在广州深圳两市的 450 家门店，开通扫码支付，并以此接轨天猫服务站。

一时间，便利店成为各大巨头和资本追逐的对象。

作为零售业态中最贴近本地生活服务和社区服务的据点，便利店有成为电商落地的最佳合作伙伴的天然优势，同时由于地理属性和商业价值，其在社区 O2O 的进程中也承担着举足轻重的作用。

爱上便利店

在京东的社区 O2O 进程表里，圈进这 1 万家便利店只是开始。接下来，京东会为这些门店提供在线的流量平台，但仓储、配送须由便利店来完成。更进一步，京东还将与各家便利店实现物流仓储体系和会员体系的打通，实现动态库存甚至零库存。收费方面，类似于京东的 POP 平台（商家开放平台），京东会向入驻的门店收取入驻费用和销售分成。

在 O2O 概念被炒得如火如荼实际上却进展缓慢的当下，京东"收编"便利店显得意味深长。实际上，互联网巨头的力量正在逐渐渗透进社区，具体到满足个体需求，而便利店天然具备的地缘优势，最接近消费者，被视为打通整个闭环的中心环节。

在 7-11 便利店，你不仅可以为公交卡充值，为信用卡还款，还可以享受顺丰快递代寄代收等增值服务，而与支付宝的打通，也让消费者可以在店内完成支付宝扫码支付。"增值服务除了能为用户提供便利，还有带动顾客来店内关联消费的可能，从而打开除商品零售外的盈利出口。"7-11 南中国地区服务部负责人何智勇介绍说，单纯靠零售已经无法满足盈利需求，多数便利店押宝在 24 小时服务和贴近消费者的选址上。但这两种做法都存在风险，前者在于高昂的人工成本，后者则意味着不得不面对各竞争对手的贴身肉搏。

调查显示，2013 年三、四季度，我国零售业销售额增长最快的业态是便利店。据相关行业报告称，7-11 便利店在日本仅食品零售的平均毛利率就高达 47％，而在国内，即便扣除各种费用，也能将这个比例维持在 25％上下。然而，在这个零售行业已经足够沾沾自喜的数字背后，是一线城市不断上涨的店面租金和人工成本。长期来看，这些因素都让原本的利润空间逐渐被压缩，甚至有被蚕食的可能。

从互联网向线下走叫"O2O"，线下零售往线上走叫"全渠道"（Omni-channel）。于是，便利店也开始向线上敞开全渠道的大门，以低成本增加新的盈利点。显然，电商平台的 O2O 计划，是辆可以搭上的快车。

角色扮演

各种势力都在窥视这个未被完全开垦的领域，纷纷谋求与便利店合作，以抢占社区这块天生精准的庞大市场。

便利店最早涉足社区 O2O 领域，是与物流公司、电商平台或第三方公司合作的"最后一千米"项目。何智勇介绍说，"7-11 将把与快递物流合作作为重点方向，并准备对接国内电商平台。用户可以借助 LBS 定位距离自己最近的便利店，选择便利店代送件上门或者自提"。对于用户而言，如果选择在便利店自提和寄件，快递费将有优惠；便利店则按件向物流公司收取服务费；而快递公司也因此节省了人工成本，提高了送件效率。

顺丰是 7-11 目前在快递领域唯一的合作伙伴。7-11 做出这个选择主要源于之前与 EMS 曾有过的 3 年不算顺畅的合作经历，这段经历也让 7-11 意识到，社区服务实际也是替用户筛选的过程，合作伙伴要能跟得上用户的需求。

2013 年 12 月，美宜佳成为首家支持支付宝扫码支付的连锁便利店，消费者在店里购买了商品，收银员扫描商品条形码计算出总价之后，再扫一下用户支付宝上的条形码就可以完成付款。以这样的方式同一个互联网公司合作，美宜佳其实做过深入的考虑。与刷卡需要 POS 机等相比，完成扫码支付的动作对于便利店来说几乎不需要额外的成本，费率也是全免，而且不需要找零和签名可以让收银效率提高一倍，加上比银联支付到账更快，也让便利店很乐于接受这样的方式。此外，美宜佳、友宝等便利店也先后在支付宝钱包平台上开设了公众账号，消费者在添加了公众账号后既可以查看到最新的优惠促销信息，还可以通过 LBS 定位到距离自己最近的门店。在支付宝与便利店达成合作后，便利店的 IT 系统也会与支付宝的系统打通，以保证手机支付的顺利进行。

京东的便利店O2O计划中，打通仓储体系是关键的一步。因为要保证消费者所见即所得，就必须让京东上的商品SKU与便利店库存中的SKU完全一致，这样既能解决便利店在有限的空间里品类无法充足的问题，又有利于其改变现有的产品结构，甚至可以建立生鲜超市、网络卖场等业态。

在这股热潮中也涌现了不少"卖水"者。猫屋是一家服务公司，该公司通过加盟方式集合社区便利店，并将这些便利店作为其代理门店，进行社区O2O项目的合作。上述合作模式针对连锁型甚至是外资便利店，而猫屋这样的公司却意图将一些独立或门店基数很小、正面临生存危机的社区便利店整合起来。在与天猫服务站合作的社区O2O活动中，便利店不需要付出成本只需让进店的用户扫描活动二维码，完成下单就可以获得卖货的抽成。

此外，微信在与便利店的合作进程中暂没有明显的商业化举动，更多还是偏重社交领域，由便利店通过微信平台建立公众订阅账号，用户关注后可以接收到便利店发来的服务或营销信息，在互动中增强用户黏度。

各种角色可以为便利店提供不同的价值，在实际的合作中通常起到互相补充的作用。

吃力如何讨好？

社区O2O谈何容易？先不说各种便民服务需要涉及的设备和人力成本，单单由此可能产生的连带责任，就使得线上线下打通的道路又漫长了几分。

由于便利店本身具有冷藏保鲜功能和一定的储存面积，加以利用可以弥补生鲜品类在配送方面成本高、送货时间难把控等短板，所以不少生鲜电商将便利店作为物流中转站。在京东与便利店合作的产品中，生鲜食品也占很大比例。然而，便利店的本质仍然是零售商店，仓储能力有限，大量的线上货品进店已不现实，闸门如果放开，特别是"双 11"这种爆仓节点，很容易干扰店铺的正常经营。

所以在京东的合作意向中，对供应链的整合被摆在重要位置。京东平台系统中的 SKU 要与便利店库存完全匹配，两者合作也要建立在仓储体系打通的基础上。也就是说，便利店由此可以建立线上的虚拟库存，进而扩充品类，建立多种业态。

这是一个利好消息，但是目前便利店接触更多的快递代收发服务中，还存在着货品破损等诸多问题。协商机制的出台尤为重要，顺丰快递的代收服务需代收人当面检查货品包装是否存在破损，一旦签收后才发现损坏，顺丰将承担 70％的主要责任，其余由便利店承担。

更大的挑战来自于品牌各自为政，不同的便利店品牌对接的是完全不同的服务商。就像与天猫合作的 C-Store 并未成为京东的合作伙伴一样，7-11 的快递代收也没有"三通一达"的进入。这意味着便民服务可能带来更多"不便"，让用户体验打了折扣。

考验还来自移动支付。唤醒用户对扫码支付功能的认知还需要不短的教育过程，同时互联网进入线下，网点扫盲就是第一个难点，对收银员的普及和培训同样需要不小的时间成本。

然而趋势不可逆转，美宜佳很清楚自己未来"社区服务中心"的定位，且目前已经拥有手机话费充值、水电煤费代缴、票务预订、天猫包裹代收等20 多项便民服务。"技术和商业关卡都已经打通，剩下的就是大家合力普及它了。"美宜佳市场部总监蔡杰峰说。

e 家洁，家政 O2O 革命缔造者

文 | 陈林

　　e 家洁为人所熟知，源于 2013 年 8 月李彦宏的一次演讲，他并未掩饰自己对这款应用的好感。他认为，中国互联网正在加速淘汰传统产业，而家政 O2O 恰恰是互联网渗入传统产业的切入点。演讲后 4 个月，e 家洁就获得腾讯 400 万元的天使投资。

　　如今，除了与百度轻应用合作之外，e 家洁还开通了微信公众号，也与高德地图达成合作。多渠道（multi-channel）布局，e 家洁正在通过各个流量入口获取新用户。在创始人云涛的构想里，不论轻应用还是微信，最后都要引导用户回归到用户体验更好的原生应用上来。

　　创业讲究天时地利人和，或者说需要因缘巧合。前者，云涛在第一次不成功的创业中深有体会，后者则给了他第二次创业的灵感。还在做嘟嘟打车时，细心的云涛就了解到代驾司机的配偶多数都是小时工。"要是有软件能被用来找小时工多好。"司机师傅不经意的一句话，让云涛留意到家政服务这块尚未被互联网改造的领域。

家政"革命"

彼时,国内家政市场还没有一款像样的手机应用。有数据显示,2012年我国家政行业产值已达到 8400 亿元,有 60 万个家政企业,从业人员达2000 万人,同时还有 2000 万人的岗位需求。虽然云涛也觉得,和打车相比,找家政并不能算"刚需",用户使用频次也较低,但家政行业巨大的市场缺口,还是让他看到了"星星之火"。

一开始,e 家洁一直寻求与家政公司合作,这样能够解决 e 家洁起步时缺小时工的难题。然而合作中,这些传统家政公司的服务质量参差不齐,筛选和培训工作人员不到位,这些问题并不利于 e 家洁的拓展。云涛表示,互联网创业应该不仅仅是开辟一条信息渠道,而应该追求更完善的客户体验。并且,如果能取消家政公司的中间环节,对用户来说可以降低价格,对小时工来说,报酬也提高了。衡量利害关系后,e 家洁开始逐步切断与中介公司的合作,从原来的借力拓展业务转变为靠自己的双脚走路。e 家洁为此购买了一批智能手机,预装软件,将其免费发给阿姨,教会她们怎么用,并进行家政服务的系列培训。

"让小时工可以和客户直接对接"是云涛一直以来的构想,似乎 e 家洁从诞生之日起就注定了做平台的角色。他的观点是,从信息流入手,实现用户与家政从业者之间的信息对接。在很大程度上,e 家洁继承了打车软件的优秀基因,基于手机并通过地理位置寻找附近的阿姨。而用户下载后可以两种方式寻找阿姨:一是预约,即在指定时间、地点要求某个阿姨上门服务;二是呼叫,用户点击"呼叫",将直接与附近的某个阿姨通话。通过这种方式,如今,在平台上认证的阿姨数以千计,日订单量达到了万量级。

此外,与家政公司的松散管理不同,e 家洁还将服务价格统一为 50 元 2

小时，并设置了加价功能，而且不对小时工抽成，以此保证小时工的收益，也降低了逃单的可能性。

不好走的推广路

移动应用绕不开推广问题。如何获得装机量，提高普及率与排名，从而获取用户？

云涛思考了很久。"e家洁真正下功夫的地方在于对保洁阿姨利益的态度上"，为了吸引更多的小时工阿姨入驻平台，他们放弃了收取年费的计划，对用户也是免费开放。"这种利益分配机制极大地激励了阿姨入驻的热情，通过互相介绍，目前平台获取阿姨已经不成问题。"云涛直言。

但真正困难的是，很多阿姨根本不会用智能手机，教会阿姨处理订单是个成本很高的过程。针对这样的问题，他们推出简化版的 App。类似的问题还有不少，但正是因为家政O2O的难度与复杂度，其具有非常大的发展空间。

在用户推广方面，云涛并不掩饰他的忧虑——"线上单个用户的获取成本较高，线下推广人群分布又太分散"。获得腾讯注资之后，e家洁在线上就能依托微信平台的优势吸引新用户。"除此之外还要通过O2O聚合平台进行接入合作。"云涛说，2013年12月，团队正式宣布与高德地图达成合作，在高德地图中嵌入了找保洁功能。用户可以在高德地图的"附近"页面下，找到"找保洁"选项。事实上，高德在扶持合作方时也展现出比较慷慨的姿态，不仅没有向e家洁要分成，还拿出了 App、微信内的广告资源助其推广。巨头竞争O2O合作资源，让e家洁这样的创业公司尝到了甜头。

而另外一方面，面对人群分散太广的问题，e家洁也摸索到一些讨巧的方式，比如找一些与家政服务目标用户群相匹配的合作方，如洗衣店、鞋店等进行合作，效果往往比在小区里摆摊让用户扫码等要好。

和许多家政类 App 不一样，在家政 O2O 领域，e 家洁算得上是一个相当高调的企业，通过各种访谈报道积累网络曝光次数，让知名度扩散开来，随后的腾讯天使投资再一次将其推到了媒体面前，一定程度上也为其推广加了一把火。

放长线，钓大鱼

与许多 O2O 类应用一样，e 家洁从诞生之日起到目前为止，始终未找到清晰的盈利模式。云涛介绍，虽然在商业模式上，他们已经开始发展会员制，即充值办卡、按次消费。目前每天办卡数量也相当可观，平均每张卡充值金额分为 500 元、1000 元、3000 元及 1 万元不等，但这显然并非长久之计。

不过借鉴国外家政软件 Homejoy、Handybook 的经验，未来 e 家洁可以切入保姆、开锁、水管维修和家具装配等服务。仅以保姆为例，近年来，"天价"月嫂的报道屡见不鲜。近期又有消息称，在全国月嫂圈内颇有名气的一名北京"金牌"月嫂，月薪高达 3 万元，甚至有雇主愿意帮她支付买房首付、解决其女儿的工作问题。相对于保洁小时工而言，这类服务产生的频次更低，但收费较高，因此这部分服务平台可以有一定比例的抽成。另外，随着业务量的增多，用户对高端小时工的需求必定增加，到时也能慢慢开放收费型的小时工认证，甚至还可以介入家政培训来盈利。

"也不排除建立家政公司，提供标准化服务的可能。"云涛坦言。除了将线上应用作为服务入口，如今他们还在筹建线下实体门店。目前，e 家洁在北京、上海两地拥有 10 家店，每家店 10～20 个小时工。e 家洁对其进行员工化管理，发放"底薪＋提成"，并对其定期培训，这一模式也正在陆续被复制到其他城市。

与传统家政公司不同的是，e 家洁的创业思路是从线下发现市场，利用线上整合资源，并最终落地到线下。"目前 e 家洁的线上产品主要承担品牌建设及业务引流功能，服务环节则放在线下门店完成。"云涛表示。对此，专家指出 e 家洁正在优化，甚至是颠覆传统家政行业，这个过程相当复杂和艰辛，但是只要趟过去，就能主导这个行业，未来再考虑盈利也为时未晚。

想搞社区 O2O?

文 | 王利阳

　　社区服务行业正在得到越来越多的人关注,随着关注的人多了,大家发现的问题也就越多,尤其是中间必须途径的物业环节,正在越来越多地困扰着创业者。

　　随着主流互联网市场机会越来越少,创业者们正在将目标锁定在社区市场,尤其在 O2O 概念大热的背景下,社区市场终于迎来了最佳的发展机遇。

　　机会当前,流程的打通却并不那么顺畅。

产品找用户

　　由于涉及衣食住行的各个环节,与人民的日常起居生活密切相关,所以社区服务 O2O 行业的覆盖领域非常广泛,这也意味着这一领域蕴藏更多的机会,也因此吸引了许多创业者的目光。

　　关注这一领域的投资人也有许多,不过这一领域的发展才刚刚开始,有太多的创业者等着投资人的进入,而投资人对这个行业也没有太大把握,所以更多处在观望阶段。

没办法，社区服务 O2O 这个市场太过复杂，几乎与传统互联网创业项目逆向而行。传统的互联网创业项目，会将目光放眼全国市场，以全国市场为基数去做一款产品，产品做好自然会吸引一批用户；而社区服务 O2O 项目，往往是针对某一区域提供一款结合了互联网的服务产品，难点就在于同一区域的用户有限，而且需求各异，这就造成社区 O2O 项目很容易就陷入了产品难以积累用户的困境。

简单来说，二者的最大不同在于，传统互联网创业新项目是"用户找产品"，而社区服务 O2O 则多是"产品找用户"。意思就是说，前者只要提供一款标准化产品，全国各地有需要的用户就都可以使用，用户会主动找到产品来使用；而后者是针对某一区域提供的产品，只有身处这一区域的用户才可以使用，所以产品要费尽心思地服务尽可能多的用户，但这又经常使产品失去特性以至于与用户背离，所以社区项目从起步就非常难。

习惯了互联网项目玩法的投资人很难接受这种社区项目的做法，他们更喜欢能一下子覆盖更多用户的项目，家政服务也好，社区工具 App 也好，都是"用户找产品"的发展方式，提供标准化的产品，覆盖足够大的区域。

物业当道

事实上，社区服务 O2O 的最大难题不在资本市场，而在社区物业上。

在从业者中，大家都不同程度地遇到关于社区物业的问题，物业已经成为困扰创业者们最大的难题。不过这也得看情况，有些已有资源背景的创业者还是很滋润的。

对于物业来讲，随着人力成本的不断上涨，此前依靠物业费来获取营收的方式已经不能再维持，虽然许多物业也在积极尝试新的营收方式，但对于外来的合作依然抱着谨慎的态度。

一来，物业不懂互联网，对所谓的 O2O 更是犯憷，难以与第三方达成深度合作；二来，物业与业主多年来积累的矛盾，导致多数物业抱着多一事不如少一事的态度，因为一旦有第三方进来并造成了用户纠纷，物业就很难从中脱身；三来，物业比较注重财务上的直接受益，而普通创业者难以以资金的方式与物业进行合作，就算达成口头意向，实际操作时又是另一种情景；四来，对社区服务 O2O 认可的、有意通过增值服务的方式增加新的营收方式的物业，多数属于大型地产企业的子公司，这些公司普遍对与第三方合作持保留态度。

因为在面对物业时屡屡碰壁，已经有些创业者试图绕开物业，但转了一圈又回来了，事实证明绕开物业切入社区的难度更大。对于创业者来讲，一时半会还很难解决物业问题，但不解决又很难全面切入社区市场，所以目前有很多创业者卡在物业的环节，一时难以推进。

最好的方式只能是大范围寻找有意合作的物业。还是有一些物业愿意做一些新的尝试，甚至有的物业已经开展组建社区服务 O2O 的项目团队，而更大的房产企业（比如万科、龙湖等）更是将社区项目提高到战略层面。

由于创业者起步低，很难得到物业全心全意的支持，但一旦有了突破口，做出一个成功案例，能给合作物业带来收入之后，物业也就必然愿意合作了。

为什么我不建议绕开物业？因为社区项目的目标用户群就是社区居民，获得物业允许，创业者就可以在社区内展开推广宣传，这是多么精准的营销推广啊？普通社区一般有 500～2000 户家庭，一个物业公司通常会打理几个社区，至少能覆盖万人以上，若以精准营销 1 元一个 UV（Unique Visitor，独立用户）计算，拿下物业的许可可以节省相当大的一笔营销费用，而且借势物业做营销推广，可靠性更高，更容易攻破居民的信任壁垒。

要想做社区服务 O2O 平台，就得逐个攻破壁垒，但由于不同区域的居民结构不同，需求自然也不同，这导致平台类产品很难标准化，难以标准化就意味着难以被快速复制，也就很难做成平台。现在一些大型地产公司已经开始着手计划收购物业，通过吞并物业来快速壮大自己的市场覆盖规模，以此建立竞争壁垒，成为行业领先者，最后再慢工细活地逐渐打磨平台，成为赢家。

先别急着做大

对于起步较低的创业者，市场已经没有太多的空间了。社区消费、社区金融、社区服务都蕴藏了巨大的潜在市场，越来越多的行业开始将目光锁定在此。随着房地产市场遇冷，已有很多大型房产公司将其未来的增长点锁定在社区物业服务上，这类房产公司，有钱、有资源，吞并市场迅雷不及掩耳。除房地产外，互联网巨头、银行金融业都有向社区渗透的计划。

比烧钱、比规模、比资源，普通创业者难以与巨头相比。不过值得庆幸的是，目前在这个行业还没有形成一个真正的巨头，还有很多机会，但切记没有那个实力就不要选择平台角度切入，这是一个烧钱都难以烧出样的角度。

对于普通创业者来讲，应该找一个能结合自身优势的切入点，先别急着做大，先把自己的强项做深、做精，成为行业首屈一指的标杆之后再选择扩张。知道现在这个行业最大的空白点在哪么？就是缺少行业标杆，很多人在做，但没有一个做精的，这就是最大的机会。

据我所知，目前包括阿里、腾讯、万科、龙湖等在内的许多互联网、房地产领域的巨头都开始关注社区服务O2O领域，只要创业者可以单点取得突破，获得投资或收购的可能性非常高，对于野心不是特别大的人来讲，被巨头收购的诱惑已经非常了得了。

决胜O2O营销：
找准市场切入点

雕爷践行的 O2O 营销法则

文｜陈曦

　　移动互联网时代的到来除延伸了电商的触角外，也让原本那些盘踞于线下的繁重的服务业有了被颠覆的可能。

　　互联网使得电商与消费者的距离更近，有直接获取用户信息的功能，而移动互联网无疑更加缩短了这一距离。原本想要获取用户必须要借助平台，而现今，以人为主的服务业不再需要公司、组织，这就是去中心化、去公司化、去组织化，所欠缺的只是一个帮助其联系用户的工具。

　　从快的、E 袋洗、河狸家等一系列针对打车、洗衣、美甲等生活服务业的 App 出现，服务业已经开始被颠覆，且来势凶猛。

以人为本

　　河狸家由创办过阿芙精油、雕爷牛腩的雕爷一手打造。目标人群是一线城市爱美的白领女性，这个群体有稳定的收入、爱美、喜欢享受、能够接受中高价位。瞄准了人群之后，河狸家选择首先在北京、上海和深圳开通服务，接下来会布局杭州和成都。

　　关于河狸家的模式，如雕爷在其专栏中所说的那样："我们将传统的美甲店彻底去组织化，完全打散，让每一个美甲师独立出来，不再依托于'店'，变成'自由职业者'。"这只是对该模式最直白的概括，实际上改变的是传统服务业的业务结构、组织与个人的利益均衡体系。传统服务业以美甲为例，每一份收益都被三块成本摊销：一是房租、装修，越是好的地段价格越高；二是组织成本，即公司、老板作为组织者要招募员工、培训等，还要承担亏损风险；第三才是美甲师自己的收益，这部分通常只是客单价的20%～30%。这一分成模式适用于任何经由公司、服务者组成的服务行业，如美容美发、家政、搬家等。

再来看河狸家的分成模式，最先砍掉的就是房租、装修，因为美甲师是直接上门服务的，所需硬件成本只有一辆美甲车，而这项成本不会因地理位置的不同而产生差异，剩下的由平台和美甲师分成。目前河狸家给美甲师提供两种合作方案，一种是底薪加提成，一种是无底薪但所有订单收入都归美甲师所有。通常刚加入的会选择第一种方案，当形成固定客户后转向后一种。这种改变，使得美甲师的收入比以往提升了50%。除收益提升外，美甲师的时间也很自由，有订单就开工，无订单各忙各的。不像传统服务业，即使没客人，员工也要守着，且服务业大多需要从早上9点左右工作到晚上10点，虽然有休假时间，但都非周末及节假日。

因此，这样的工作模式受到了许多美甲师的认可，而掌握了最关键的"人"后，河狸家的竞争优势就凸显出来了。

服务到家

在服务模式上，河狸家也有两种模式可供选择：选择作品或选择美甲师。第一种，用户直接选择心仪的美甲款式，然后进入并查看相关美甲师，最后预约服务时间；第二种，用户先选择美甲师，再选择其服务。在选美甲师后，用户可以在App上看到美甲师的大头照，并可以按照距离、价格和等级进行排序。点击进入美甲师个人页面，用户可以看到个人的作品，同时也可以看到其他消费者给出的评价。长期服务不好的美甲师会遭到消费者无情的淘汰，而优秀美甲师则会获得更多的收益和订单。这种直接落实到个人的模式，也激发了美甲师提升自身技能的学习热情。

为了体现河狸家自身的服务标准，公司会在美甲师上岗之前对其进行培训，并进行测试，优秀的美甲师还有机会被送到海外学习。对美甲师的服务也有严格要求，比如携带专业手提箱、自带口罩鞋套、不能上厕所以及垃圾回收。同时承诺给消费者一系列服务保障计划，8 天免费上门修补，迟到 15 分钟以上返还 50％费用，等等。据说，美甲师使用的护理产品都是阿芙家的，还会给用户赠送阿芙、雕爷牛腩的优惠券等福利。而这些，都是为了给顾客带来极致的服务体验。

"羊毛出在猪身上"

河狸家目前签约的美甲师已经有 1000 名，日均订单接近 3000 单，订单均价在 150 元以上，但河狸家如今并不盈利，且月赔 1000 多万元。因为尽管没有实体店，但美甲车的投入、美甲师培训、甲油原料、宣传推广等也是平台初创期不可避免的。雕爷却并不担心盈利问题："羊毛出在羊身上，永远敌不过羊毛出在猪身上。"未来，河狸家的收入会从造型、摄影或者广告等形式中产生。

即便如此，河狸家的估值已经有 10 亿元，而美甲只是一个细分市场，当一个又一个细分领域被切入，由移动互联网撬动的市场机遇将不可估量。有一点可以肯定，相比以大众点评、58 同城为代表的生活服务网站在线上大而全的模式，移动平台的空间将被划分得非常细碎。打车、美发、美甲、洗衣、家政，下一个会是什么？

TIPS　　　雕爷亲授 O2O 判定法则

消费决策端

任何生意只有牵扯消费者的决策，才是比较核心的。与消费决策最紧密的 O2O 的崛起也将最迅速。

随机决策——即"轻决策"

代表行业：打车、保洁、足疗等。

行业特征：低价、高频次，消费者花几分钟即可决策，且损失也不大。而服务水准差距不大，不需要刻意挑选。

斟酌决策——即"中等决策"

代表行业：美发、美甲、摄影、造型等。

行业特征：中等价位、中等频次，消费者会多花几分钟思考。服务提供者水准差距较大，完全没有"标准化"可言。

审慎决策——即"重度决策"

代表行业：婚礼策划、房屋中介、律师等。

行业特征：使用频率低，有的用户一生只会使用一次。服务提供者水准差距很大，但客单价高。

行业边界

边界决定了你的业务范围，业务可以如何发展，这个边界由四个轴决定。

行业轴——以行业为中心发展与扩张。如滴滴、快的围绕"出行用车"从提供出租车服务发展到提供专车服务。

人群轴——以人群来定位。如 58 同城和赶集网针对的是"蓝领人群"，虽然业务众多，但无论是招聘、二手货还是找阿姨都是侧重蓝领。河狸家的服务对象则是一线都市白领女性。

场景轴——以特定区域，如小区或其他场景为基本定位的，如叮咚小区、小区无忧等。

团购轴——即资源类，以"券"为主的行业，如大众点评、美团等。

总结：4 个打不过

"低频"打不过"高频"——以用车行业为例，打车已经侵占"专车"领域，随时可以介入"代驾"领域。对普通人而言，打车加上用专车的频次远高于代驾。

"通用型"打不过"专家型"——此时的消费决策从"随机决策"过渡到"斟酌决策"。比如当你要出差的时候，需要商务用车，就不会选打车软件，而是易到用车等商务用车软件。通用型需关注市场份额和成本控制，而专家型往往不强调成本控制和份额，但会针对特定消费者的服务需求。

"羊毛出在羊身上"打不过"羊毛出在猪身上"——就业务模式而言，如果要想从服务人员上抽佣金很难留住人，所以要从别处赚钱。

"垄断消费者"打不过"垄断服务者"——主要针对"斟酌决策"和"审慎决策"领域，这两个领域的服务提供者差别太大，差的服务只会加速平台死亡。所以，有好的服务者才是前提。

购物网站通过前期营销进行用户积累；汽车厂商通过站点建设和运营收集消费者意向；而经销商网点通过线索下派获取意向客户，并最终引导成交。

玩转溯源二维码

文｜刘婧

Windy 从便利店买了一瓶水,打开瓶盖,拿出手机扫一扫瓶盖上印有的二维码,手机上就立马跳转出水来自哪个山头的哪个泉眼,什么时候抽取上来,什么时候生产,什么时候上市等一系列信息。这个二维码就是溯源二维码。

在便利店的货架、演唱会海报的角落、卖场的收银台以及你能想象到的一切空间,二维码已经悄然扮演起支付通道、导购、信息查询等角色。同时,不少商家也打起了二维码的主意,但大多数二维码都是导入公众账号的名片或者是活动的入口。

事实上,铺天盖地的二维码真正的扫码率并不高。为了吸引客户扫码,如何赋予二维码功能性以及趣味性?食品品牌商率先试水了溯源二维码,消费者通过扫码就可以了解到整个生产链,食品品牌商希望以此达成比单纯投放广告更具说服力的目的。

比投广告更有说服力

除了作为线下用户进入线上的公共入口,二维码可以触达的空间还有

130

很多。其中,食品溯源就是最近话题度颇高的二维码应用场景之一。区别于公共二维码,溯源二维码将长期存在、长期有效,用户可以随时随地想扫就扫。溯源二维码不追求扫码行为发生的次数,而是看中用户对产品的信任感。

食品安全事故在世界各地频频发生。由于食品的生产过程相对封闭,普通消费者根本不可能从源头开始监控整条生产链。因此,与其烧钱砸广告,跟消费者背书食品饮料的安全性,不如利用溯源二维码,使得消费者能够通过扫码了解到整个生产的过程,以此博得消费者信任。

其实奶粉市场频频爆发信任危机时,不少乳企已经开始尝试溯源二维码。而最近恒大冰泉在每一瓶水的瓶盖上都印一个溯源二维码,使消费者开瓶扫码就可以看到产品从水源地到生产过程等信息,算是溯源二维码的升级版。

"这比投广告更有说服力。消费者可以一对一看到恒大冰泉是从长白山来的。从表面看是对恒大品牌的宣传,从背后看则是留住了用户的信息和数据,品牌可以跨过经销商,跟消费者面对面对话。"阿里手机淘宝"码上淘"项目负责人表示。

据悉,此次恒大冰泉与手机淘宝合作的溯源二维码项目,采用了"一瓶一码"的技术,每一瓶恒大冰泉都有自己独特的"身份证"。"一瓶一码"技术具备后台验证与信息采集相结合的系统防伪功能。编码经过加密以后难以批量复制,再结合后台的校验机制,产生传统防伪无法比拟的严密性和灵活性。另外,区别于以往二维码与瓶盖内 13 位数字双重校验的方法,此次活动的溯源二维码被印在了瓶盖内部的透明层中,跳过了核销的过程,让消费者在使用过程中更加便利。

这样一来,恒大冰泉依托手机淘宝,进行了多样化的营销活动,引导线下用户扫码进入天猫旗舰店,提升了产品销量。更重要的是,通过二维码扫码,恒大方面可以获得扫码用户的数据,建立消费者的信息数据库,通过大数据的运用,可以针对不同渠道、不同区域的消费群体进行精准的个性化营销。

"身份证"里面有什么？

"面对日益恶劣的生态环境，消费者对食品安全的需求将始终持续，溯源二维码或许将成为未来食品的'标配'。"恒大冰泉相关负责人表示。但是之前不少乳企的溯源二维码尝试并不那么成功。去年，多家乳企都推出了二维码溯源系统，不少品牌奶粉都换了"新装"，雅培菁智、金领冠、美素佳儿等国内外品牌罐装奶粉的底部或者罐身均印了二维码溯源标识。用手机扫描之后会产生一个物流码，消费者可将这个物流码输入到官方网站的查询系统进行溯源。可进行查询之后，消费者能看到的却只有产品描述、生产批号、生产日期、有效期限、奶源地、生产工厂、进口质检证书编号7项信息，而对自己最关心的奶源地等信息，也只有比如"丹麦纯净奶源"几个字。

"此前我还以为只要扫描二维码就可以直接看到溯源信息，扫了之后还要到网站注册登录才能看到，操作很麻烦。而信息也太过简单，譬如奶源都没有具体到哪个牧场。"在消费者王女士看来，所谓的全程溯源有点虚，"无法看到奶粉在每个阶段的具体信息以及检测指标。"消费者刘先生也称，虽然不少奶粉有二维码标识，但有些图案太小或者不清晰，都扫描不了，"能扫描出信息的，有关产品的内容也很少"。

前车之鉴，接下来恒大冰泉要直面的问题还是消费者的信任。虽然采取了"一瓶一码"技术，但是如何让消费者相信扫码的真实性，"身份证"里面的内容还是要多做点文章。

另一方面，溯源二维码是不是"土豪的游戏"呢？

据恒大相关负责人透露，此次与阿里的合作已经筹备了半年。为了实现每一瓶矿泉水都有一个独立、唯一的二维码，恒大对所有的生产设备都进行了调整，从水源到生产的整个信息建立溯源系统。为了让消费者获得更好的体验,针对活动机制和 App 网页设计,恒大方面都进行了反复的调试和测试。但这样的改造势必是高成本的。

另外,饮用水作为快消品主要依赖传统的经销商渠道流通,品牌与目标消费群之间被经销商隔离开来,难以直接沟通和互动。现在虽然可以建立与消费者直接沟通的渠道,但营销过程中如何处理好经销商的角色和关系?据负责人表示,为了铺开新的一批具有溯源二维码的货品,恒大也投入了较大成本与经销商沟通。

很显然,溯源二维码的营销方式投入成本颇高。事实上,在 2014 年 10 月,恒大就曾经在旗下咔哇熊奶粉中使用过生产视频追溯的技术。溯源二维码的首度亮相是在中超赛场,恒大同时采取降价 25% 的低价策略来告知消费者,可以通过扫描二维码来追溯奶源及生产相关安全问题。为此,恒大投入的成本也不小。

目前,许多食品品牌都在尝试溯源二维码,据了解,恒大的粮油品牌之后也将加入溯源二维码的行列,互联网品牌也可以借鉴相关做法。但像恒大"一瓶一码"这样的大投入,不少互联网品牌也还没有做好直面消费者的准备。直面海量消费者的前提是海量信息的处理能力,既要能够识别和理解消费者的状态和需求,还要有及时、准确的反应机制,这需要大数据的系统化支持和营销模式的调整。

阿里手机淘宝"码上淘"项目相关负责人透露,之后还会增加溯源二维码的趣味性,比如说消费者可以通过扫码知道自己喝的牛奶是哪头奶牛产的,然后反向定制由该奶牛为自己供奶。更富有趣味性、故事性的溯源二维码的玩法,可能更适合互联网品牌。

女神导航抢占移动端入口

"向左转"，"向右转"，"志玲祝你旅途愉快噢"。早在 2013 年 12 月 7 日，高德导航林志玲版上线时就已经让一众受众见识到女神的魅力，也让"女神导航"的概念逐渐深入人心。

据高德公司副总裁兼首席市场官金俊介绍，针对这个版本的上线，高德提前申请了 8 倍的宽带和服务器资源，但用户更新、下载的热情仍超出了预期，服务器还是几乎瘫痪。

2014 年世界杯期间，全民女神林志玲更是现身中央电视台《豪门盛宴》节目，创造了体育频道的一轮收视热潮。作为高德地图与高德导航的代言人，林志玲此次担当嘉宾主持，又扮演球赛特约解说员，参与节目的始终。用嗲嗲的娃娃音，以地图导航的语言方式解说足球，而基于高德大数据开始的地图美食攻略也为熬夜观球的球迷送上"爱的宵夜"，将线上和线下结合起来。

在《豪门盛宴》，女神林志玲以有别以往的形象出现在节目现场，高德再借助女神带来的注意力配合推出相应生活服务。据了解，活动期间通过高德地图参与"一元狂享世界杯"中"电影"、"团购"、"酒店"、"景点"、"美食"5 大类别活动的总下单数达数十万笔。

女神导航如何炼成？

2013 年，林志玲就被高德签下作为其形象代言人，并将女神娃娃音植入地图，导航全过程。

为何会选择林志玲做形象代言人？金俊坦言，除了看中其超高的人气和影响力，更是因为林志玲表现出来的敬业精神和健康形象，"她的气质与高德的品牌诉求高度吻合"。至于合作的价码，她表示不方便透露。此外，高德还特别在台北租用了录音棚供林志玲录音。

高德地图、高德导航除有标准普通话版外，还有河南话、东北话、湖南话、四川话、闽南话、粤语等多种方言供用户选择，将林志玲极具特色的娃娃音添加到地图导航中，给用户带来了不一样的体验。

将明星的声音植入产品是否会造成干扰？在签约之初，高德也碰到过类似的质疑。金俊则表示："听觉体验是地图导航的重要一环，希望女神的声音能为用户带来乐趣。"在为用户提供功能性服务的同时，更能为用户的生活增添乐趣，这是高德地图营销的主线。

"给用户带来愉悦，"金俊说，"而且这种愉悦一定是在某个使用场景下和人所处的情境中。"通常来说，人们驾车时会打开导航，要么是因为路不熟，要么是因为赶时间，不想错过某个路口导致走冤枉路。在这样的情形下，人是处在焦虑状态的。"但当林志玲用嗲嗲的娃娃音说起'左转'的时候，多数人会会心一笑，缓解认路的焦虑。在女神音推出之前，一些方言包也被很多人使用，大家觉得有用又有趣。"

世界杯最嗲解说

《豪门盛宴》是中央电视台体育频道在世界杯期间推出的晚间专题节目。

与其他体育赛事专题制作不同，这个节目更具综艺色彩。而作为众多广告商中的一员，高德地图在营销方式上并没有采取"烧钱"的栏目冠名等常规手段，而是选择赞助。在"我是预言家"这一环节中，其针对当晚节目分析的赛事，以"高德地图球迷分布热力图"的形式呈现球迷对球队的支持情况。从吃喝餐饮、观赛场地、闲时娱乐等生活服务加以体现，并提供给用户相应的服务。

金俊说："透过上述的热力图，每个球迷会感受到自己在与全国亿万球迷一起观赛，通过推出各种外卖、代驾、订酒店等生活服务，赋予LBS更多趣味性和互动性。"

这个节目的受众以男性居多，与高德地图的用户匹配；年龄段特征不是那么明显，受众很广；而中央电视台这一平台，能使高德在最短时间内接触到最多的人，平台效应明显；节目的娱乐性也符合高德营销从"乐趣"入手的原则。"这次赞助，不仅增强了品牌曝光，同时也让高德地图的易用、方便、实用为亿万球迷所认识。并且林志玲参与到节目中，用娃娃音导航方式来解说足球。"金俊说。

2014年6月29日，高德地图代言人林志玲参加节目的现场录制，其中林志玲语音导航足球解说更被媒体称为"最萌足球解说"。这也直接促使林志玲版语音导航的使用人数有了明显的提升，其中上升最快的三个省分别是福建、湖北和江苏，分别上升了36.9%、31.7%、25.9%，最高增长接近4成。

地图落地 O2O 探路

有了女神的号召力和节目的曝光率，人气导去哪儿呢？

于是，高德落地开战"628 一元狂享世界杯"的活动。活动从"电影"、"团购"、"酒店"、"景点"、"美食"5 大用户日常生活行为入手，借势世界杯的号召力，成为继"双 11"、"三八手机生活节"之后的又一阿里系大型生活购物节。甚至有热心网友自发制作"628 狂享生活节"的抢优惠攻略——"5 元内搞定五大城市的吃、住、玩"，引起大量转发。

据了解，活动期间通过高德地图参与此活动的总下单数达到数十万笔。用户最热衷于电影和美食，这两项下单量的总和接近总单数的一半。尽管这一数字还无法与运营成熟的淘宝"双 11"相提并论，但对于地图行业向 O2O 探索而言，还是一次比较成功的尝试。

从单纯的地图数据供应转变为一个线上线下有机结合的完整生态体系，高德地图正在向用户提供完整的生活服务的入口。尤其在并入阿里后，高德地图在资源整合方面更具优势。高德对赛事、球迷、女神、美食等生活服务的整合营销，相比于其他广告商在节目中只是露面的效果来说更为显著，不仅激发、促进了平台活跃用户的增长，同时为阿里打造全民 O2O 商业模式打下了用户基础。

高德最希望看到的，便是用户"从把高德地图当成工具，转变成把高德地图当作入口，使用里面提供的一系列生活服务功能"。金俊说："这也是高德通过一系列有创意、好玩、有趣的营销，让消费者看到并体验到它生活服务平台的功能，最终的目标是培养用户的使用行为和习惯——当有生活服务需求的时候，用到的是高德地图上的'入口'。"

营销设计不仅传递了产品端的功能信息，更从投资场景考量，增进信息的传播价值和受众适配性，以用户使用场景为出发点。而高德以"位置"

为核心的营销设计，让投放的信息变得更有价值。符合用户需求的功能才会让他们从"使用"到"离不开"，才有可能实现高德希望见到的改变用户行为的目标。

金俊认为，市场营销最关键的是了解受众，并让受众有效互动。而对于营销团队来说，面对日益复杂的市场环境、多变的用户、容易疲劳的审美，如何设计出有趣、可参与的营销活动，最大限度地发挥游戏化思维的力量，是最大的考验。

线上"拉客"效应

文｜陈林

2013年8月天猫汽车节期间，东风雪铁龙天猫旗舰店总访客数达40万人次，为线下4S店带去9000余条购车"线索"，在线整车销售281台。"天猫汽车节活动是东风雪铁龙自2013年4月入驻天猫以来首次参加的大型线上销售活动，公司提前3个月开始进行策划和组织。"截至活动结束，东风雪铁龙入驻天猫只有不到4个月，而随后的"双11"当天，雪铁龙完成了2114万元的销售额、832辆的销量，相当于其一家经销商近半年的销量。

汽车因商品的特殊性，实现在线交易总是无法脱离O2O的框子。与普通消费品不同，汽车结构复杂、动辄售价数十万元，无法单纯凭借线上完成交易。看车、提车、上牌、保险等流程都离不开经销商的支持，从长远看来，线下渠道所承载的功能将在相当长的一段时间内延续下去，汽车厂商想绕开经销商上线几乎不可能。

线下4S网点是实现O2O闭环销售的重要环节。对汽车厂商而言，最伤脑筋的莫过于如何联动网点开展活动。怎么做到不影响网点的业绩考核？购车款项的财务流程怎么调整？4S网点如何承接电商渠道获得的销售线索？这些细节问题如果无法解决，就无法调动线下网点的参与热情，而网点的配合程度决定了消费者的购物体验。

为了加强4S店对活动的理解和执行，东风雪铁龙一方面对网点进行多渠道培训，让网点充分了解活动内容和执行方式；另一方面，通过数据分析、消费者调查等方式，对网点的执行情况进行检核，以确保活动能够充分落地。在开辟电商阵地的初期，东风雪铁龙为了让线下网点能够在电商渠道获得更多利益点，令电商渠道不向网点收取任何手续费，以此调动网点参与的热情。

线下网点开始铺垫的同时，线上渠道方面的重中之重在于积蓄人气。在预热阶段，雪铁龙选择和淘宝试用中心联合开展试驾体验活动，吸引消费者前往网点参与专场试驾活动。进入到预售阶段，吸引目标消费群体的关注就成了关键。想要做到这点，东风雪铁龙的策略很简单：首先通过"指定车型闪购"蓄积人气，结合新款产品的高频度曝光进行活动传播；继而借助4S店宣传物料布置、区域媒体推广等方式，将线上活动延展到线下。

"除汽车节官方宣传渠道之外，我们和天猫俱乐部开展互动活动、在店铺首页开展签到活动，通过汽车节门票、优惠券的发放，在活动前期做了充分的顾客积累工作，将线上优惠和线下互动进行充分结合，让消费者得到实惠，刺激最终成交。"

汽车属于大宗消费商品，涉及的成交金额较大，在支付环节上，消费者在网络上支付大笔资金，会有安全方面的担心。另外，网络资金的流转需要一定时间，与经销商原来的财务流程不符，肯定会影响消费者及时提车。"我们采取网络下单，并将销售线索分配至网点，由网点进行线下跟进，收取尾款并完成最终成交的方式进行操作，减少线上资金的流转压力，打消顾客疑虑，也让网点能够及时回笼资金，做到及时交车。"

简单来说，东风雪铁龙现阶段的O2O尝试由购物网站进行前期营销传播活动积累用户，汽车厂商通过站点建设和运营收集消费者意向，而经销商网点通过线索下派获取意向客户，最终引导成交。

星巴克的 App 包围术

文 | Addison

打造好的顾客体验一般需要花不少钱，而且对业绩还不一定有直接的帮助。其实当社交媒体逐渐成为人们生活的一部分时，社交媒体就已经重新定义了人们联系在一起的方式。作为全球咖啡连锁巨头，星巴克十分重视顾客体验。它通过对数字媒体和科技的投入，了解顾客的喜好和消费行为，以此为其提供更好的体验服务，留住顾客，不仅提升了营运效率，也促进了营业额的增长，它是如何做到的呢？

以 App 为核心，随时随地联系用户

App 是移动战略的重心，随身携带的手机是顾客最贴身的工具。做得好、功能全、使用方便，不但能使用户的使用率相应提高，还可以通过其产生的数据来分析消费行为，增加对用户的了解。不过，对于星巴克在这方面策略的解读，不应该单单以 App 的功能而论，而是应该结合奖励计划、POS 系统、预付卡、移动支付等一起了解，虽然它们是各自独立的系统，但是它们之间彼此相互依赖，形成一个良好的循环。没有奖励计划，就没有那么多人使用移动支付；没有整合 POS 系统，就无法做事务处理和消费分

析；没有预付卡，单靠信用卡无法支撑移动支付；没有移动支付，整个 App 就失去最大的意义。这种深度结合所带来的用户体验十分全面，除了在服务速度上有所提升外，所产生的数据也非常珍贵。

2014 年 7 月的一项数据显示，星巴克已经有 15％的交易额是通过手机支付产生的。2009 年，星巴克推出 App，App 最初只具查询店铺位置、咖啡数据等基本功能；到 2011 年，星巴克将沿用已久的星享卡奖励加入 App 中，而且消费者可以利用内设的预付卡，通过扫描条形码在柜台进行交易；到 2012 年，星巴克引入 Square（一款以 App 为基础的移动付款系统），消费者可通过该功能进行移动支付；后期，星巴克又推出了自家的支付技术，该技术允许用户将 App 生成的二维码对着收银台的扫描仪扫一扫，之后付账走人，不但不需外接硬件，还可以将移动支付整合到现有的 POS 系统里，实用、方便。

以奖励为饵，收集资料促进消费

相对其他餐饮业的会员计划，星巴克的奖励制度比较像航空公司的奖励计划，不同级别的会员有不同的优惠待遇，且消费者必须不断消费才可维持会员的优惠。目前，美国星巴克的奖励制度设有三个会员奖励级别（国内为两个级别），包括新星级（welcome）、绿星级（green）和金星级（gold），由会员账户中累积的"星星"（star）数目决定会员级别，达到具体级别，就会收到适用于该级别的各种奖励。

本来这个奖励计划没什么特别，但会员必须通过星巴克的手机 App 登记已启动的星巴克卡才可以加入，变相迫使用户使用 App，进而引导用户在不知不觉中使用 App 上的其他功能，包括移动支付，做法聪明。

要累积星星，用户必须先下载 App，买一张预付卡，输入卡号、出生日期（可以换生日奖励）、手机号、地址等数据。不同国家的集星量不同。在国内，星享卡的金星级需要 25 颗星，少于美国，但可以集徽章。在奖励机制上，星巴克根据不同地区的经营特性和当地消费者的喜好而各有不同，这也是其特殊之处。但万变不离其宗的是，所有的奖励都可以通过 App 来查询、收集、换领。

移动支付在乎数据收集

移动支付最值得投资的地方，在于用户习惯的培养和数据的收集。星巴克在移动支付上的尝试，经过了几个阶段。最开始是与支付公司 Square 合作。星巴克最初涉足移动支付领域时，并没有亲自操刀，而是与小型的支付公司合作，对其投资 2500 万美元，承诺美国的 7000 家分店将接受 Square Wallet（Square 钱包）的移动支付。但是，星巴克还有后招，它并没有想着完全长期依赖对方，而设定了开发自己的移动支付方案，也就是将自有的奖励机制、预付卡和 POS 系统融入到 App 中。后期，当 2014 年 5 月 Square 宣布放弃钱包项目时，星巴克的策略被证明是对的。其一方面通过投资 Square 学习移动支付各个环节遇到的问题，让自己的 7000 多家店适应这种新的支付方式，另一方面也利用所得信息打造自己的移动支付系统。

最终，星巴克推出的移动支付项目不是完全介入支付系统，而是将用户购买的预付卡信息关联到 App 内，在 App 内进行数据更新。这种做法一点也不先进、不高科技，但却十分实用。对星巴克而言，它没有大幅改写现有的会员和奖励计划系统，也不需要经过漫长的开发和整合过程，尤其不需要和各信用卡发行公司及金融机构之间扯皮，需要的只是改进现有的 POS 系统和条形码扫描仪，让它可以读取 App 上的数据，使奖励计划系统和会员系统同步，就可以实现初步的移动支付。

此外，由于各种信息都集合在 App 中，对用户来说也是一种便利。付款时系统会自动更新相关会员系统、奖励计划和预付卡上的数据，完全取代以前的塑料预付卡，携带方便（信息全在手机中）。一旦顾客习惯了以手机支付，等于将自己的相关信息，包括地理位置、交易明细、对产品的喜好等，开放给星巴克。掌握这些资料，为星巴克省下了不少钱。例如：利用会员的交易了解对产品的需求，进行准确备货；掌握顾客的移动轨迹，分析开设新店的位置；了解顾客喜好，加强奖励计划投放的准确性等，这些都对提高会员的忠诚度有莫大裨益。

附加功能，增加用户的黏性

在这个阶段，星巴克已经完成了移动战略的初步布局，下步如何走呢？如何利用 App？从以下两个例子中，我们可以看出一些端倪。

进入预订（Pre-order）市场：星巴克目前正在研究提供预订服务，让用户通过 App 向指定的星巴克门店下单，为用户省下排队等候的时间。这背后的考虑是，他们希望通过这个服务提升运营效率，增加营业额；通过数据决定门店的发展，例如预订比例高的门店是不是可以开拓专门外卖的业务；甚至利用收集的地理数据，了解用户的活动范围，为他们度身定制一些奖励项目。

增加小费（Tips）功能：通过星巴克网站的意见征集，公司了解到很多人希望可以通过 App 付小费给服务好的员工，于是星巴克正在积极研究如何在 App 中加入这个功能。除了令用户和员工的关系更密切、互动更良好以外，还可以通过数据，了解哪些员工和门店的服务较佳，哪些员工拥有较多的"忠实客户"，进而在改善服务、推广新产品或决定升迁时有所依据。

值得注意的是，星巴克所有的 App 技术开发和用户体验的提升都是围绕一个整体展开。从最初的位置查询，到同步会员信息建立用户管理体系,以及绑定预付卡信息、打通 POS 系统和扫码功能、在店内提供免费 Wi-Fi等,都是为了让用户习惯使用 App,并将用户的所有信息都集中在其中,让用户一旦踏入就无法"出逃",再利用原有的会员奖励机制等 CRM 计划,让用户黏度越来越高。

O2O支付鏖战：
巨头们的生意经

得移动支付者，得天下

文 | 陈龙

一个古老的逻辑是，商业会对金融产生需求，而商业对金融最根本的需求是支付，所以我们从过去几百年的历史中发现，如果有一个商业的平台和支付结合在一起就会做得非常大。在 O2O 的商业时代，相对应的是移动支付。

地理决定经济

地理决定经济。

荷兰是 17 世纪最强盛的国家。16 世纪的时候，哥伦布航海，因此有了远洋贸易。由于荷兰的造船比较发达，于是就有了物流和贸易，也就有了支付。支付和贸易的结合让荷兰成为世界的金融中心，同时也是贸易的中心。后来，阿姆斯特丹银行开始提供贷款，开始做信贷，荷兰也成为 17 世纪最强大的国家。

随后，另外一个贸易和金融的平台——英国，崛起了。英国的崛起不是因为船运，而是因为制造业的发展，同时大英帝国有了贸易以后又学荷兰做支付，很快英格兰银行取代了阿姆斯特丹银行，成为全世界最大的支付中心。之后，英国与荷兰打了三场海战，战争结束后，荷兰失去了贸易，也失去了金融。

移动支付是互联网公司做金融的第一张"船票"

我现在再看这一段历史，有了新的感受，它让我想起了阿里巴巴。阿里开拓淘宝的时候体量非常小，真正使阿里崛起的是支付宝。支付宝CEO彭蕾讲过类似的话："阿里有今天，支付宝是核心的东西，也就是说支付和商业贸易结合使阿里得到了非常大的发展。"

我之前关注过山西票号。山西是国内做金融做得最好的省份，贩盐起家，有了贸易就做支付。所以山西人1823年做了日升昌的票号，改变了中国几千年的现银结算方式，后来开始做支付，慢慢做信贷，只用30年就成了中国的金融之王。

山西又是怎么衰落的呢？到了20世纪，一方面是战乱，国运不济，另一方面，清政府把原来山西票号支付的核心地位取代了，山西就变得很脆弱，就这样衰败了。所以支付和商业的结合是非常重要的。

互联网公司为什么可以做金融？其实，荷兰从船运开始做金融，成了全世界最大的金融和贸易中心，山西人靠贩盐起家成了中国的金融之王，所以互联网公司肯定是可以做金融的。

非金融企业做金融只需要满足两个条件：第一是商业的逻辑；第二是现有的金融体系没有提供类似的服务。在现在这个时代，这是互联网企业进入金融领域的非常重要的"船票"。

我们中国的互联网公司不是唯一的在做金融的互联网公司，对于这一点，只要看一下谷歌就知道了。谷歌在2011年推出了谷歌钱包，其同时也是美国最大的P2P（Peer to Peer，个人通过网络平台相互借款）公司的股东，也是最先进的支付公司Ripple Labs的股东；亚马逊也提供基于

Kindle 的支付……所以说国外的互联网公司也在大举进攻金融行业。

落后的金融现状带给余额宝们的机会

美国的今天不是中国的明天，中国的互联网金融之所以有如此多的机会，是因为中国的金融非常落后，这给了中国互联网公司进入金融领域很重要的机会。

余额宝就是支付与商业结合的最好范例。市场上普遍认为，余额宝推高了市场的利率，然而，在 2013 年 6 月市场大闹钱荒之时，我们却看到银行的利率越来越低，余额宝的存储量越来越高。所以不能说余额宝揽钱很多，最好的解释是，余额宝并不决定利率，银行的利率决定了余额宝的利率。

余额宝这样的基金将拥有非常远大的前途，其前途远大的最重要的原因是其同时具备支付与利息的功能，两个功能叠加起来对银行造成了直接的、正面的打击。

移动支付成为虚拟世界和精神世界的接口

在移动的时代，在这样一个信息流、资金流和物流线上线下融合在一起的时代，支付是时代的核心。从应用的角度来说，移动支付会冲击原有的线下模式，会取代 POS 机的模式，成为线上线下、虚拟世界和精神世界的接口。有了这样的核心，以资金流和信息流为核心，就产生了闭环。以这个闭环为基础，我们可以构建一个商业和金融的王国。

在这样的背景下，我们就不难理解现在支付宝和微信爆发大规模"战争"的原因。如果看一下腾讯，其做的很多的收购都是和贸易场景相关的东西。阿里和腾讯都是以支付和平台为核心，跟各个行业结合，从而构建了非常大的商业和金融的基础。

因为商业对金融产生了需求，最重要的需求就是支付，支付和商业平台的结合会产生很大的商业和金融的王国，这在以前的荷兰、英国的例子中我们也提到过。国外谷歌、亚马逊和苹果是这样，中国的阿里、腾讯和百度也是这样，道理很简单。但中国无论是金融机构还是互联网公司都没有完全把这个道理想清楚，所以我最后的结语是：在这样的时代，支付还是关键，移动的时代，移动支付是非常核心的，得移动支付者得天下。

支付鏖战，阿里 vs 腾讯

文｜陈龙

中国互联网商业江湖 20 年以来，从来没有这样热闹过，腾讯和阿里巴巴两家公司终于针锋相对起来。双方各自出手连连，不断投资与收购，自家业务拓展上同样咄咄逼人，频下重手。无论是侧面包抄，用自家不是最关键的业务去冲击对手最关键的业务——比如腾讯搞电商，阿里巴巴做游戏；还是正面冲撞，一个用微信红包着实展示了一把肌肉，一个用封杀链接的方式拒绝平台上商家使用微信支付，打得好不过瘾。更有甚者，在打车软件上，你贴 10 块，我贴 11 块，你贴 12 块，我贴 13 块，砸入重金，大有一股要把对手牢牢按死在地上之感。

核心其实是支付。有所谓支付是入口之说，虽然也有评论对"入口"二字嗤之以鼻，但无论如何，任何人都必须承认，支付是当今商业社会怎么都绕不过去的一环。所谓商品到货币是惊险的一跃，这个过程的具象表现形式就是支付。可以这么说，即便支付不是入口，说它是"咽喉"，大抵也不差。

事实上，阿里和京东等电商之间的竞争，最大的优势就是支付宝，京东再怎么折腾，优化物流也好，大手笔拍货也好，玩命促销也好，最终都无法绕过支付这个环节：消费总是需要支付的。货到付款是一种相当不经济的行为，以京东之顽强、手笔之大，在当当等电商前可以耀武扬威，但在支付宝面前，便没了脾气。京东的模式其实是亚马逊模式，而阿里的模式则更类似于 eBay。国外亚马逊势力远远超过 eBay，却都不掌控支付，但阿里是掌控支付的。

于是，阿里这个其实从来不卖货的虚拟商业地产商，牢牢把握了电商行业的龙头老大之位，就在于阿里掌控了支付。故而，马云极其看中支付宝，宁可被舆论指责缺少商业诚信，也要将支付宝从 VIE（可变利益实体）架构中拿出，归入自己的名下。

打车软件，这个其实用来为使用者更好地获取出租车服务的工具，最终演变成抢夺支付"咽喉"的前哨。利用打车软件叫车后，就可以使用相应的支付工具作车费结算。这件事其实于 2013 年上半年阿里就开始尝试，市场调研结果表明，出租车司机很欢迎这种方式，原因在于可以在车厢里少备现金，大大提高自己的安全性。但乘客这一头却不乐观，因为乘客总觉得拿出手机来完成支付，相对于现金或者刷公交卡而言，还是不够方便。阿里的这个调研后来没了下文，看上去一时想不出什么法子让乘客乐于用手机来支付车资。

商业公司们后来决定，既然你乘客觉得不方便，那么我就用贴补现金的方式，让你占便宜。便宜占久了，就会形成习惯。滴滴的背后是腾讯，快的的背后是阿里，都是不差钱的"高富帅"，狠狠地砸了一把钱下去，硬生生地让乘客摸出手机来进行支付。

在移动支付领域，运营商有一套解决方案，笔者便称之为硬支付，也就是手机本身就可以完成支付功能。但运营商与中国银联关于标准化的问题争执不下，最终市场也没有培育起来。而今天盛行的需要装一个 App 才能做支付的，我称之为软支付。很显然，巨头们用讨好消费者让他们有利可图的方式，将软支付生生地推广了起来。

无论是硬支付还是软支付，都需要绑定银行卡。但硬支付在开通时，就需要提交银行卡号码，也就是说开通硬支付和绑定银行卡是一个行为。但软支付则是两个动作，装了软件未必就会绑银行卡。阿里用了 8 年时间,才让支付宝账号绑上 1 亿张银行卡,而微信在春节期间推出的红包,短短几天就绑上了少说百万量级的银行卡。这种发展速度,给阿里造成了巨大的压力。当用户们都习惯微信支付时,移动领域中,支付宝便不能再像在桌面领域中那样呼风唤雨了。

腾讯在打车软件的激烈竞争中还腾出手来,投资了一把大众点评。可以想象的一个场景是:如果用微信支付,这顿饭钱可以减免 10 元(或者其他什么优惠,比如往点评账号塞点券)。对于大众点评来说,这是一个非常落地的事,可以直接参与到餐饮业的支付环节中;对于腾讯来说,又可以借助已经形成的大众点评用户群,再绑定海量的银行卡。支付之争中,大众点评是一张好牌。不过阿里也有高德导航,为了增加所谓 O2O 的力量,阿里甚至从投资变成了收购,只不过导航产品距离支付,似乎比点评产品距离支付还要远一些。当然,阿里还投资了一个美团网,离支付同样很近。在团购领域,腾讯的几个团购项目就比阿里差了一大截。

支付本身能不能赚钱?这件事不好说,也许会有利差,但肯定不是最大的一块,一般消费者还不习惯在支付宝里存着一大笔钱。但支付后面接着的就是金融,这是一块发展空间极大的领域。退一万步讲,即便真的暂时无利可图,但一旦对手扼住了这个"咽喉",自家未来的日子就得仰人鼻息。这个道理,就像在移动互联网领域中,巨头们四处投资的道理一样。投错不要紧,错过就完蛋。

谁都不敢掉以轻心,对手发狠,就值得我更发狠。一场宛若绞肉般的碎钱机大战,AT 双方,上得来都下不去,既然已经开打,就很难结束。很难说最终谁会胜出,平分秋色是最有可能的结局。但对于桌面支付上没有任何力量的腾讯来说,显然会更有利一些:移动中占据到的,全部是真正意义上的增量。

线下肥肉，巨头们的难舍难弃

文 | 董晶晶

在流量成本日增、竞争加剧的情况下，本地生活服务成了互联网行业中的增长亮点，不仅美团、大众点评、58同城等不断向投资人兜售本地生活的新鲜概念，连BAT也开始涉足。从消费者的角度来看，互联网和新科技给生活中的吃喝玩乐住行带来了更多的优惠和便利，我们的消费模式和行为习惯正在逐渐被改变。

变革中的转型

理想中的本地生活是营造一个生态链，实现平台与商家的共建共荣。如针对餐饮类商家，平台接入商家的系统，帮助其建立起会员管理模式，分析消费者的购物行为，为线下的大数据营销服务。但这一进程显得有点慢，直到2012年下半年才有成功运营的商家。

其理想模式是通过手机、平板等移动智能终端设备，将商家与消费者进行数字化的链接。商家可对用户的行为数据进行收集及分析，并提供有针对性的服务。如此下来不但提升了工作效率，也节省了成本，同时还可以通过日常消费者的数据制定个性化策略。

在这一过程中，大平台商也在转变自身的战略模式。据淘宝生活服务部资深总监拖雷介绍，2013 年淘宝本地生活主要在三个产品上发力：一是针对无线端的 App 点餐神器"淘点点"，该应用集合了之前 PC 端的淘宝外卖业务，另针对移动端新增了点菜、选座、团购、支付等功能；二是针对电影票业务的"淘宝电影"，该应用可在 PC 端和无线端使用，目标是做成全网第一的电影票在线订购平台，现已对接了格瓦拉、网票网、豆瓣网、时光网等供应商，其对自身的定位是接入供应商做平台；三是"Offer（表示愿做某事或给予某物）信息"，将重启之前的口碑网域名，做类似 58 同城的分类服务信息网站，如找保姆、租房等服务类信息，该业务目前还集中在 PC 端，并以无线端为辅。在这三块业务中，又以"淘点点"与"淘宝电影"为主。相比之前自己做团购业务，淘宝本地生活的此次整改正在朝着平台化、移动化的方向发展。

谈到淘宝，不得不提另一家与其关系紧密的互联网公司——丁丁网。2013 年年初，阿里集团又加大了对丁丁网的投资力度。自 2011 年 4 月起，丁丁网的业务重心开始向移动端丁丁优惠转移，且在近期推出了优惠终端机，宣布率先完成本地生活中的闭环。而这也是丁丁网在获得新一轮投资后的一大举动，抢占本地生活市场。丁丁网首席执行官徐龙江坦言："这轮投资拿到的钱将主要花在丁丁优惠上。"

从商业模式上分析，丁丁优惠给丁丁网这一在 O2O 市场已经探索 8 年的网站注入了新的血液。之前丁丁网的业务主要是地图查询和签到，其盈利模式也是以广告收费为主。但广告模式获取的受众数量难以评估，实际产生的效果更是不可衡量，由此很难获得商家的认可。在移动互联网大背景下诞生的 App 丁丁优惠，其业务主要是优惠券，终端验证机的投放使丁丁最终实现了闭环效果。丁丁的商业模式也可从广告的展示收费向 CPS（Cyber Physical Systems，信息物理系统）按效果付费转变，按订单的多少收取佣金。商家和平台也可以借此明确知道哪些用户是从丁丁优惠导入的，也就更为认可这种模式。

触不到的界限

　　但是巨头也有弯腰都接触不到的地方，比如说，怎样证明客户是从线上来的呢？怎么预防线下商户偷单？因此，当下才有那么多行业评价言O2O必谈"闭环"，其实所谓闭环，关键的一步就是如何证明该用户是你带来的。于是乎，各平台都开始在验证方式上下功夫。

　　这并不陌生，早在口碑网出现之时，就有商家推行类似于银行终端刷卡的POS机。淘宝收购口碑网后最大的举动就是赋予了口碑卡支付的功能，用户可以将支付宝的钱转到口碑账户内，这样口碑卡就有了与银行卡一样的刷卡支付功能，在刷卡的同时就能将商家与消费者之间所有的交易信息记录在案。此前消费者使用口碑卡需出示并填写号码等，但如此烦琐的过程不但商家懒得执行，连消费者也觉得麻烦，POS机的功能就是使信息记录更便捷且智能。但最终该方案在试推过程中流产，理想与现实还是存在着一定的差距。

　　但为了打通最后的环节，还是有很多商家前赴后继地试行各种终端验证机。随处可见摆放在餐馆收银台前的二维码验证机，或是影院内的自动取票机等——光取票系统，就有美团、拉手、网票网、格瓦拉、时光网、豆瓣电影等平台推出的不同机型——就是例子。且这些设备的造价均不菲，据格瓦拉联合创始人张学静介绍，一台终端取票机的成本在万元以上，且为了给用户更好的取票体验，终端机也需要不断更新。可见，在花大精力获取商家后，还要免费为其配上一台设备，平台的"闭环"之路实属不易。

　　此外，对于业务覆盖面广的巨头而言，只有将各产业链摸透，才能明确各环节所面临的困难和需求，继而通过互联网和新技术进行解构和改进。以餐饮为例，一条龙服务对于消费者来说无疑是最佳的选择。淘宝推出"淘点点"，正是希望实现从用户自助点菜，到下单、订座的全流程服务。用户只需到店就餐就行，省去了用户找服务员、现场点菜的时间，同时可享受商家提供的折扣优惠。对商家而言，也节约了人工服务成本，提高了工作效率。

但这是在线下商户信息化完备的前提下。眼下的情况是，更多口碑极好的餐饮或生活服务类商家是隐藏在街边小巷的夫妻店、门口胡大妈的手工面馆、小区的沙县小吃、转角的兰州拉面，完全覆盖不了，而这些才恰恰是本地生活的精粹和金矿所在。

BAT 自己不去做打车、只投资，就是因为"不划算"。根据之前的经验，最佳的方法还是收购和投资始创企业，阿里投资丁丁网看中的不就是其在线下商户的覆盖面吗？

难以割舍的未来

虽然大平台的本地生活之路困难重重：线下服务商户信息化程度低，线上互联网企业的努力方向和线下商户的切实需求之间存在脱节，线上、线下和用户间的合作成本巨大等。但还是要继续推行，因为在真正获得消费者在生活服务类的数据信息后，能给其带来无限的畅想。

对商户来说，他们希望看到本地生活服务能将线上的客流引到线下来消费体验，实现交易，然后再把线下的用户消费数据反馈、分享到线上，使消费者、平台、商家之间有一个良好的交流。这种情况下，数据可以帮助消费者进行下一次的决策。

随着硬件成本的下降，收集线下的数据变得愈来愈便宜，越来越多的企业开始实践收集线下数据。如各种商家推出了验证机，别以为它的功能只有验证，现在的一些验证机附带 SIM 卡，并有 Wi-Fi 及 3G 功能，可以把一次消费行为中涉及的消费券、消费时间点、消费的地理位置以及手机用户信息都存储起来，比如用户的消费频次、经常光顾的店面、单次消费的金额、购买的食物品种等，一步到位获取信息。

在人人都喊大数据和个性化营销的年代，利用这个线下收集数据工具，平台可以通过数据判断用户有怎样的消费爱好或需求。比如你平常很喜欢星巴克，每个周末你都会去星巴克喝杯星冰乐，当你打开手机或地图的时候，会发现给你推荐的商家正是星巴克，这对于消费者来说就是一种很智能的精准营销。此商业数据也可以让更多的商家通过对商品的组合推广，达到精准营销的目的，实现更高的成交率。

这才是本地生活带来的进步。

"傻大黑粗"的活儿

文 | 经雷

天使投资人蔡文胜投资的 TTG（深圳淘淘谷）在澳洲成功上市，上市第一天就创下了高达 6 亿澳元的市值，折合人民币约 39 亿元。这意味着，一个名不见经传的公司，市值远超过当当网（市值 3.77 亿美元）、网秦（3.15 亿美元）。TTG 的走红使得已经淡出视野的优惠券商业模式再次被人提及，但这会是一个适合创业的模式吗？

黏上银联借"东风"

优惠券并不是什么新鲜事，但为什么挂上 O2O 的牌子后便能翻价 10 倍，其市场估值要比切客网、大众点评甚至是做团购起家的团 800 老手们都要高。其中一个很重要的因素便是借了银联的"东风"。

TTG 成立于 2011 年 3 月，据其招股书中指出，旗下的 U 联生活平台与银联签有独家合作协议是其最大的亮点。

通过 U 联生活平台，用户可以"将优惠放到银联卡里"。比如用户有一张招商银行借记卡，去 U 联生活上登记后，再选择一张海底捞 50 元的代金券放到银行卡里。此后，当用户拿着这张银联卡去海底捞消费结账时，银联系统会自动扣除代金券的金额。同时，所有消费数据都将被传送到 U 联生活的后台，从而被精准监控，便于后期 TTG 与商家、与银联对账。

利用这种模式，TTG 可以借用银联在中国境内超过 29 亿张的发卡量，以及 300 多万台 POS 机受理终端来解决用户来源的问题。根据其排他性协议，用户可以将其本身拥有的银联卡和相应的优惠商家关联，在合作商家处消费时可直接刷卡结账享受折扣。整个交易环节十分简便，不需要其他附加操作，比如出示打折卡或会员卡等。

其招股书上也显示，成立之初到 2012 年第一季度总营收为 156 万元，平均每月 5 万元人民币的收入，亏损为 145 万元。其营收主要有两个来源：每笔交易手续费中 11％ 的提成，以及商家使用这套系统的服务费。TTG 现在覆盖的城市只有深圳、北京、杭州、海口和厦门等地。

O2O 就是在线推广

O2O 是当受众花在网上的时间愈来愈多时，必然会出现的一种形态。当受众的注意力转移到互联网，广告主必须找到新的渠道引入新客源。在互联网时代，信息的快速流动可以立即将用户的关注转化成订单，所有的广告终极形态都是以电子商务为表现形式，所以无论是之前已死的团购网站，还是存活下来的聚划算，都是以广告平台自居。

最常用的营销方式便是优惠券，其核心是利用价格歧视，在不影响现有客户群体的情况下，开拓新的线上客户资源。有调查指出，79％ 的智能手机用户认为下载到手机里的优惠券十分有用。克劳德·霍普金斯的《科学的广告》里，有很大篇幅是讲优惠券的作用，霍普金斯所言大致可以被归纳为 5 点：1. 更为精确，一般优惠券多区域性发放；2. 更容易测试效果，可以使用回馈统计；3. 通过积累的数据判断消费者喜好，优惠券可以使针对产品层级的数据更精准；4. 快速调整的灵活性，可以更好地与商家会员系统对接，成本小，制作周期短；5. 容易被受众接受，优惠券不需要客户额外承担任何风险就能获得收益。

团购线下服务其实也是优惠券的变种，在团购行业经历寒冬、不少网站因资金不足而倒下之后，也有部分团队转型做线下生活服务的提供商，将原本谈回来的服务交给自身流量有保障的网站，如聚划算、京东以及大众点评等。

假如我们从表现形式上去理解 O2O，那无疑是简单的：线下商家有获取更多客户的需求，因而愿意提供一定额度的优惠，由平台商将优惠券打包成电子商品，有利可图自然会吸引消费者。如此，便能形成良性循环，商家可以轻松地站在门口，等待客户上门。

但是，从团购网站的倒闭潮中，我们也发现 O2O 创业者首先要面对的问题是"先有鸡还是先有蛋"。因为对商家而言，只有看到了足够多的用户，才会愿意提供更多的优惠，而用户也是看到更低的折扣后才会前去，这是 O2O 创业者的第一关。

总有吃"胖"的冲动

O2O 创业者都是在消费者与线下合作商之间跳舞的可怜孩子。为了解决"鸡与鸡蛋"的问题，特别容易产生上下游并购的冲动，一个不小心就把自己吃成一个重资产的胖子。

微信会员卡业务负责人耿志军曾说，O2O 是一个傻大黑粗的活儿，不是靠一个想法就能成功的，而是要"扫街"——挨家挨户地攻城略地。"如果说实物电商的难点是'最后一千米'，那么服务类电商的难点就是'最后十米'，需要扫街的工作人员进入到商家，去说服，去教育。"

在形成良性循环前，只好一家一家去谈、去签。即使是大众点评，在其业务领域从餐饮渗透进生活服务全行业，也需细分成小区运营、信息核对、内容审核等多个分支小组，总人数约有 100 多人，可想而知在前期搭建基础数据时需要投入多大的人力物力。

但也有部分拥有先天优势的平台商，会将获取商家和消费者的压力化解到投资方或合作伙伴身上。比如，在酒店预订行业，绝大部分酒店已和携程、艺龙、去哪儿等市场领导者签订合作协议。这对于初入市场的创业者来说，在没有资源优势下只能当分销者，但分销也要看与供应商的亲密程度。例如在一堆酒店预订 App 中，米途在获得艺龙投资后除具备资金的优势外，还有酒店房态数据上的优势，可以实现每 5 分钟更新房态一次，这与艺龙网站本身获取数据的速度几乎一致，而其他的合作方只能每 6 个小时更新一次数据。如此情况下，类似米途这样的"关系户"只需努力吸引更多用户便可，而其他的还需要向商家要资源，这也是为什么米途的团队只需 16 人即可。

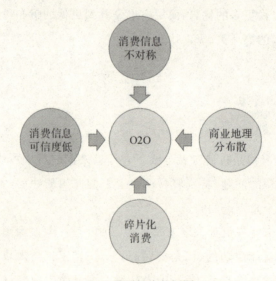

O2O 需要解决的问题

TTG 走的是一条比米途更便捷的路径。它不做线下网络铺设和团队组建，而是引入其他能带来商户和消费者资源的合作伙伴，比如腾讯和新浪。佣金分配上，TTG 采用银联、C 端合作伙伴和 B 端合作伙伴三四三分成的方式。相比其他优惠券公司，TTG 通过同银联合作搞定了支付问题，如此一来优惠券应用效果监测难的问题得到了解决，刷卡即可自动 check，轻松实现了 O2O 的闭环。此外，选择开放平台的路径也省去了巨额线下成本的开销。

因此，对于类似优惠券这样联合消费者和商户两端的 O2O 模式，除非你有一个富爸爸，帮你解决上下游问题，轻装上路，否则不拼爹的创业者们只能努力使自己变胖，吃通上下游，让自己成为最大的护城河才是王道。

O2O困境：转型需要逆向思维

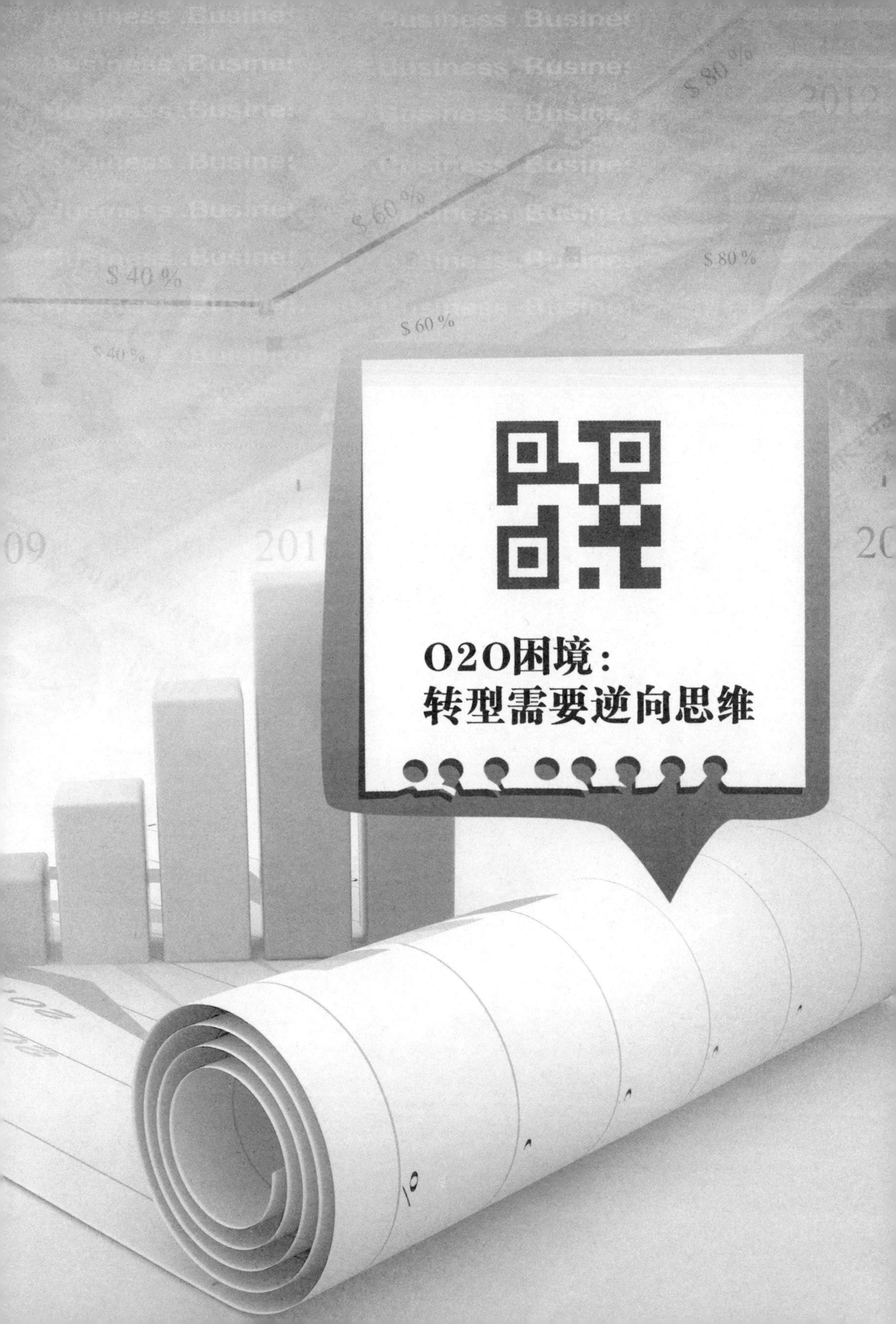

家居电商的困境

文｜范越

理想丰满，现实骨感，正是家居电商的真实处境。

2013 年，就在天猫"双 11"前如火如荼大打 O2O 牌的同时，一份来自包括红星美凯龙、居然之家、欧亚达等在内 19 家大型家居卖场联合签署的抵制天猫此次 O2O 计划的协议，一时间在行业内外掀起轩然大波。随后，天猫紧急叫停该项目。

不少声音将其解读为"传统大佬与电商渠道的第一次正面较量"，可事情远非这么简单。与迅猛崛起的快销品类电商不同，家居行业几乎不可能做到纯电商，由于涉及线下实物体验、配送安装、售后服务，此外还牵扯家居企业与卖场、经销商的利益分割等复杂问题，其上线步伐异常缓慢沉重。

没有人能够否认电商的大趋势，与其对"家居行业适不适合做线上销售"争论不休，不如从现实角度出发，找到真正阻隔其线上线下融通的根源，让接下来的"试错"更为高效。

卖场不愿作嫁衣

按照天猫原来的算盘，是将入驻平台的家居企业纳入其 O2O 体系，消费者在网上选好商品，去线下实体店体验，决定购买后在店内用天猫的支付宝 POS 机完成支付，而配送、安装、调试等服务都由线下承接。

其实早在 2011 年，天猫已首先从家居类目开始试水 O2O 模式，并在北京开出了第一家线下家居体验馆爱蜂潮，但由于涉及背后复杂的利益链条，至今仍止步于京城。电商不单单要让线下的东西走上线，同样需要线上的东西能落地，特别是必须依赖于线下的家居品类，而如果按照原计划，天猫是可以借道家居卖场，来打通这条闭环。

然而，对于实体门店来说，平时最迫切需要的客流量，这次却因电商"入侵"而拒之门外。红星美凯龙董事长车建新公开表示："我不赞成这一做法，让卖场为电商作嫁衣是不妥的。"这无疑也解释了家居卖场抵制天猫 O2O 的原因。要知道，家居卖场最主要的收入来源分为两种，一种是向入驻商家收取租金，一种是分得卖场销售的利润提成，而天猫的这份计划则完整地绕过了卖场，直接接触到品牌商，这之后的交易与卖场也几乎没有关系。同时，如果这一模式得到广泛延续和推广，甚至将割断传统家居卖场的生命线。"我们不允许我们的商家成为线上的搬运工，做免费配送。"车建新表示，O2O 项目天猫并没有与自己企业进行涉及利益分成的谈判。

事实上，电商渠道战略早已成为企业发展的标配。不少声音将此事件解读为线下渠道逆势而行，抵制电商。对此，居然之家总裁接受媒体采访时曾称，并不是反对厂家做电商，而是抵制天猫把 POS 机放进卖场的行为。就在同一天，红星美凯龙也公开发声，称事件可能存在误读，此次的文件只是为了规范电商操作中的不规范。

恰恰相反的是，传统渠道很早就在试水电商，只不过挫败不断，进展缓慢。星易家是继红美商城后红星美凯龙探索 O2O 领域的第二弹，居然之家的 B2B2C 模式也已经起步。在他们看来，目前尚且鲜有成功且可被复制的案例，与其让天猫借路获取了客流量和现金流，不如争取留给自己"试错"的时间。

品牌商处境尴尬

在这一场没有硝烟的战争中，品牌商有些左右为难。一方面，他们仍不能放弃线下门店，需要入驻卖场或者开设独立店铺，中间又涉及品牌代理经销商；另一方面，电商无疑是品牌销售的一个有利渠道，且不说时代趋势，单从流量和流量来源的广度来说就已经让线下望尘莫及。

"把天猫挡在门外没有任何意义，别把消费者和互联网趋势挡在门外。"天猫公关部给出的回应态度依旧鲜明。

手心手背都是肉，而事实上，不少接到天猫 O2O 项目邀请的品牌商都表示，代理经销商的反弹也会很大。一位不愿意透露姓名的家居品牌上海地区代理商透露，线上线下的价格差让代理商十分难过，厂家给到代理商的利润已经不算高，而在网上购买的消费者却要他们提供配送、安装等一系列的服务，这对整个价格体系、服务流程体系的影响都不小。

由于自建电商平台的高昂成本和风险，初期与第三方平台的合作是家居品牌商的顺势而为。普遍的做法是厂家拿出部分线下没有的款仅供线上店铺销售，这部分的客流和成交都与线下渠道无关，换言之，线上玩得越转，线下经销商越恼火。

资深家居电商研究者唐人表示，即使线下不抵制，天猫的家居 O2O 项目也可能无法实施。具体说来，企业依托经销商在线下渠道销售商品，与此同时开拓线上渠道，而希望经销商完成线上销售商品的体验及售后服务。从这个角度上说，品牌商与天猫的立场和意图是一致的。然而，经销商的利益与传统渠道一致，在资源有限的情况下，电商的介入对他们来说是一种掠夺和侵占。加上大多数品牌商对经销商的掌控能力还不够强，也让事件本身暗藏更多的变数。

即便是淘宝土生土长的家居品牌林氏木业，也同样经历着线上线下利益难匀的窘境。2011年创始人林佐义先后在广东佛山、深圳、北京开设线下体验馆，反响平平。在线上和线下的打通过程中，由于运营模式、成本结构、价格体系都有很大不同，粗暴的统一只会招致更大的反弹。

再造O2O

中国行业咨询网研究部提供的报告显示，国内家居电子商务规模在2015年将达到2050亿元，网购率有望达到17.5％，成为继服饰、3C数码之后电商的"下一个金矿"。这个金矿究竟含金量几多，又该以怎样的方式挖掘？

唐人将目前家居电商的处境归结为"线上的下不来，线下的上不去"，而未来，如果要打通整条O2O的链路，就要让线上线下融会贯通。先从O2O的模式中抽离出来，从消费者需求的角度出发，然后逆向地推敲出"电商化"的打法。

必须明确的是，虽然线上与线下的融合是大的方向，但是由于基因不同，发展历程、经营模式也不同，势必依旧会呈现出差异化的发展态势。线上的角色和生存空间必将受到压缩和挑战，最终达到二者相对平衡。

经销体系将在线上与线下的博弈中不断优化，通过建立选拔和淘汰机制促成可以为消费者提供线上线下一体化服务的商品体验和服务中心的建构。这个过程需要品牌商、卖场、经销商、电商平台从消费者需求高于自身利益的点出发，进行重新梳理，这将是对传统销售渠道的颠覆性改变。当然，这并不容易。

把眼光向后端转移。作为家居品牌商，如果单纯把商品挂在网上卖就失去了"电商"中"商"的含义，所以应将电商渠道重新整合。喜临门副总裁俞雷表示，从产品的优化和标准建立开始，到物流优化、渠道合作平衡，甚至包括整个供应链条都需要配合电商的销售特性进行改造。

"在未来，O2O 模式的两个 O 之间的界限会越来越模糊。"唐人表示，没有哪种模式是绝对优于其他模式的，最终一定是多种模式并存且互补。家居企业的电商化进程将颠覆以往的 O2O 概念，对整个流程进行再造。

所以，无论是急于上线的品牌商，还是谨慎观望的渠道商，抑或是想抢先吃好螃蟹的平台商，逆向地从用户的角度思考问题，会不会更容易做决定？

O2O，该换个玩法了

其实，O2O 的真正意义不在于模式的创新，而在于"创造价值"。很多国外成功的 O2O 案例，在乎的是如何利用 O2O 提升用户的体验，为用户提供方便，并从中赚钱。在这个基础上，了解用户群和他们的行为、需求是关键的课题。以下为大家提供两个案例：一个是支付创新，一个是营运创新。

很难想象没有信用卡、借记卡、网上银行或支付宝类账户的朋友也可以享受网购的乐趣。总部位于美国加州的 PayNearMe 就是为这个族群的人们提供"用在线支付流程解决现金支付"的 O2O 服务。首先，人们在网购时选择以 PayNearMe 支付，然后将支付单拿到指定的收款地点付款——如果没有打印机，可以选择将购物信息发到手机，支付点的员工会利用 POS 扫描条形码。在付款的那一刻，商家就会得到通知，并将货物送到购买者指定的地点。

Urban Outfitters(城市旅行者)是一家以美国和加拿大为主要市场的美国快时尚公司，旗下拥有 5 个子品牌，连锁店多达近 400 间。截至 2013 年 9 月的业绩报告显示，网上销售带来的收益占了该公司整体收益的近 1/4，第三季度的增速比去年增加了 40%。其首席战略官更扬言在 5 年之内，网上销售将占公司整体销售的一半。它是如何做到的呢？

传统品牌零售店在进军网上销售之初，一般会设立一个独立的营运队伍,定制自己的工作和配货流程。由于客人的需求和零售的不同,流程也往往不一样,不但容易造成内部部门之间的矛盾,顾客也享受不到网购的乐趣。Urban Outfitters 在经营网上销售业务时,想的是如何令他们买得方便,将网购变成习惯。因此,公司改善后台系统,令所有零售店都可以承担配货的工作。如此一来,每家店的"死货"都有机会盘活;配货中心也不用因为要完成配货任务而堆积大量货品;加工厂可以更灵活地配合销量来生产;一环扣一环,买手和设计师团队也可以更大胆地因应潮流变化而推出新产品。

此外,经营零售店的成本相当昂贵,营运和人力成本也并不便宜。自从 Urban Outfitters 宣布将公司定位为电商后,其中一个做法是减少开设零售店,用省下的钱为在线订单提供免费送货服务。虽然每张订单的处理成本会有所增加,但对于品牌商而言,与其投入在回报率日益降低的零售市场(租金、营运、人力成本不菲),不如用来培养用户到其网店购物的习惯,这将更加有效益。

图书在版编目（CIP）数据

领跑 O2O：线上线下一体化的创新实践 /《卖家》
编著. —杭州：浙江大学出版社，2015.11
　ISBN 978-7-308-15240-2

　Ⅰ.①领… Ⅱ.①卖… Ⅲ.①网络营销
Ⅳ.①F713.36

　中国版本图书馆 CIP 数据核字（2015）第 243771 号

领跑 O2O：线上线下一体化的创新实践
《卖家》　编著

策　　划	杭州蓝狮子文化创意有限公司
责任编辑	曲　静
责任校对	杨利军　於国娟
出版发行	浙江大学出版社
	（杭州市天目山路 148 号　邮政编码 310007）
	（网址：http://www.zjupress.com）
排　　版	杭州中大图文设计有限公司
印　　刷	浙江印刷集团有限公司
开　　本	710mm×960mm　1/16
印　　张	11.25
字　　数	140 千
版 印 次	2015 年 11 月第 1 版　2015 年 11 月第 1 次印刷
书　　号	ISBN 978-7-308-15240-2
定　　价	35.00 元